PHILOSOPHIE MORALE

LA
CONSCIENCE NATURELLE

ET LA

CONSCIENCE RELIGIEUSE

PAR

Henri KLEFFLER

> La conscience n'admettra plus qu'on
> fasse dépendre le salut des hommes
> d'un principe extérieur à elle-même.

PARIS	GENEVE
LIBRAIRIE FISCHBACHER	LIBRAIRIE STAPELMOHR
33, rue de Seine.	24, Corraterie.

1890

IMPORTATION DES PUBLICATIONS ÉTRANGÈRES
LIBRAIRIE C. KLINCKSIECK

LA
CONSCIENCE NATURELLE
ET LA
CONSCIENCE RELIGIEUSE

A l'étude :

DU MÊME AUTEUR

SCIENCE ET CONSCIENCE

Ouvrage divisé en trois volumes in-8 indépendants mais formant un tout :

I. — LA MÉTHODE NATURELLE

II. — L'ESPRIT DE LA LOI

III. — LA MORALE UNIVERSELLE

PHILOSOPHIE MORALE

LA CONSCIENCE NATURELLE

ET LA

CONSCIENCE RELIGIEUSE

PAR

Henri KLEFFLER

> La conscience n'admettra plus qu'on fasse dépendre le salut des hommes d'un principe extérieur à elle-même.

PARIS
LIBRAIRIE FISCHBACHER
33, rue de Seine.

GENEVE
LIBRAIRIE STAPELMOHR
24, Corraterie.

1890

INTRODUCTION

Pendant de longs siècles le christianisme a su faire abdiquer la raison devant sa foi. Ce n'est guère que depuis Descartes que la raison a commencé à reprendre ses droits dans le domaine philosophique, et depuis quelques années qu'elle a essayé de les faire valoir, en dehors de toute influence étrangère, dans le sein même de la religion qui la retint pendant si longtemps prisonnière. Ces derniers efforts furent timides et n'ont encore abouti qu'à proclamer un faux principe, celui de la *liberté de conscience*, qui n'a jamais pu s'affirmer logiquement, précisément parce qu'il était faux. Si toutes les consciences étaient libres de faire ce qu'elles veulent il n'y aurait plus de loi, ce serait la négation de l'idée de Dieu, notion contradictoire avec le principe de la foi qui l'affirme. Or la foi étant une donnée de notre esprit tout aussi naturelle que la raison, il ne doit pas y avoir antagonisme mais harmonie de fonctions entre l'une et l'autre.

Les faits historiques et psychologiques nous prouvent que nous devons croire en Dieu et cette croyance en l'existence d'une loi absolue est la foi. Mais la raison est le juge souverain de toutes les croyances, et c'est d'elle par conséquent que dépend la formule de la foi. Si cette dernière a pu dominer pendant si longtemps la raison, c'est que celle-ci était encore trop faible pour pouvoir la juger en connaissance de cause. Mais la raison a progressé tandis que la foi s'est immobilisée, ce qui fait que les pôles de notre pensée ont tourné et que c'est maintenant la raison qui doit faire abdiquer la foi, parce qu'elle est de force à la régir. A chacun son tour. La foi de l'histoire n'a pas détruit la raison, elle l'a seulement dominée, et la raison ne détruira pas non plus la foi, elle ne fera que la transformer en l'obligeant à modifier ses formules. Telle est la thèse que je viens soutenir, en commençant même à la faire passer de la théorie à la pratique. Ce sont les idées de *foi*, *raison* et *Dieu* qui doivent être traitées devant la *conscience*, à laquelle la raison ne peut imposer ce qu'elle veut qu'en sachant se mettre d'accord avec elle; devant la conscience envisagée comme la reine de la pensée appelée par sa nature même à avoir le dernier mot dans le débat qui va s'ouvrir.

Disons d'abord, afin de faire entrevoir les rapports historiques de la raison et de la foi, que la foi de Jésus-Christ fut *instinctive*, celle des apôtres *doctrinaire*, celle du moyen-âge *dogmatique*, tandis que celle de l'ère moderne devint de plus en plus *rationnelle* sous l'influence des progrès de la science. Mais il faut que la vraie foi soit *logique*, c'est-à-dire nettement formulée par la raison et confirmée par la conscience. La foi logique est la seule qui puisse se concilier normalement avec la foi instinctive de Jésus-Christ et la compléter, la développer sans en altérer le sens. Elle est la foi en la vérité se croyant tenue de la chercher toujours plus grande et ne permettant à personne d'entraver ou de borner sa vue progressive au moyen de vérités conventionnelles imposées avec autorité par l'arbitraire.

Traiter la question de la foi *au nom de la conscience*, c'est mettre en question le principe même de toute religion constituée. C'est l'obliger à ne pas parler de Dieu en représentant d'une volonté divine qui placerait sa responsabilité à couvert et lui accorderait des droits à créer des devoirs à l'humanité sans accomplir ceux que la nature lui impose à elle-même, mais en penseur sachant *discuter les mérites de sa foi* comparés à ceux d'une foi quelconque qu'on lui oppose. Ce n'est en effet que de cette manière qu'on parviendra à éclaircir ce que doit être *une foi* particulière en présence de l'idée de *la foi* ou comment *une* religion doit se comporter en face de l'idée générale de *la* religion qui est un effet naturel des lois de notre esprit.

On a assez discuté dans les étroites limites où s'agitent les religions conventionnelles qui ne veulent pas sortir d'un ordre d'idées préétabli, ou bien en vue de défendre telle religion contre les ennemis imaginaires ou plus ou moins légitimes qu'elle se crée. Le moment est venu de forcer la conscience spécialiste religieuse à débattre honnêtement ses intérêts avec la conscience générale naturelle, c'est-à-dire à montrer sa puissance philosophique. Il est impossible d'admettre que la religion plonge ses racines dans un milieu social que la nature des choses oblige à être philosophique, tout en croyant pouvoir se dispenser de justifier ses rapports avec la raison et avoir le droit de lui prêcher une morale et une loi de Dieu qu'elle ne saurait admettre. Son devoir le plus sacré est de rechercher les principes communs qui doivent servir de base à une entente avec la philosophie, en présence de l'idée de Dieu, qu'elles ne peuvent repousser ni l'une ni l'autre tout en étant appelées à l'interpréter à des points de vue différents. Il faut, je le répète, que la religion en vienne à comprendre son devoir au lieu de se croire prédestinée à enseigner *la loi du devoir* sans être tenue d'observer la manière dont elle doit la mettre elle-même en pratique. Le devoir commun de la philosophie et de la religion est de faire preuve d'impersonnalité, tout en partant de points de vue opposés pour étudier la loi de Dieu, parce que la nature le veut ainsi. L'idée de Dieu de la philosophie ne doit pas être nuisible à l'esprit de la religion, mais celle de la religion ne doit pas non plus porter préjudice à l'évolution normale des droits de la science et de la philosophie.

« La philosophie est, dit M. Barthélemy-Saint-Hilaire, de tous les emplois de l'esprit et de la raison, le plus élevé et le plus libre. Son indépendance n'a de bornes que les bornes mêmes de l'esprit humain. La raison ne reçoit de lois de personne ; elle n'obéit qu'aux lois qu'elle porte en elle-même, émanation directe de l'intelligence infinie et toute puissante, qui a créé l'univers et qui le gouverne ».

« La philosophie a trois objets : l'homme, le monde et Dieu. Ces trois objets, considérés dans leur généralité, représentent la totalité des choses. De là vient la suprême grandeur de la science philosophique, essayant d'embrasser et de comprendre le tout, dans la mesure qui est permise à notre faiblesse »[1].

On pourrait compléter ces paroles si justes en disant que le but naturel de la religion est aussi l'*homme*, le *monde* et *Dieu*, mais qu'elle l'envisage au point de vue plus spécial du rapport de l'*homme* à *Dieu* dont le point de départ est la foi considérée comme formule de l'absolu d'après laquelle on règle sa pensée, tandis que la philosophie l'envisage au point de vue plus

---

[1] *La philosophie dans ses rapports avec les sciences et la religion*, p. 267 (1889).

étendu du rapport du *monde* à *Dieu*, dont le point d'appui est l'ordre général des faits qui constitue la nature. La foi, envisagée comme fait parmi tant d'autres, n'est qu'une spécialité philosophique relevant de la psychologie, science qui établit un rapport intellectuel entre tous les faits de la nature matérielle et ceux de la religion. Il est donc évident qu'il existe de la philosophie à la religion une filiation telle que si cette dernière élevait des prétentions à la suprématie sur la première, sans savoir les justifier, elle se rendrait tout simplement ridicule. Elle ne peut combattre les droits de la philosophie qu'en se faisant elle-même philosophie ou *science psychologique*, ce qui, dans l'espèce, revient exactement au même. La philosophie de son côté ne peut combattre le caractère de la foi qu'en sachant entrer dans l'esprit de la religion, afin de lui signaler les fautes qu'elle commet en sa qualité de religion.

La religion a donc une part de philosophie à créer pour pouvoir se défendre correctement comme religion. Cette part, dont elle ne peut se désintéresser, est celle de la *méthode* à suivre pour parvenir à interpréter l'idée de

Dieu de manière à satisfaire à la fois les besoins du sentiment et ceux de la raison. C'est ce qu'on peut appeler la part de la philosophie qui est d'ordre purement *subjectif* ou dont les conclusions, ayant une valeur positive par elles-mêmes, ne demandent pas à être confirmées par l'expérience de faits *objective*.

« La philosophie, dit M. Barthélemy-Saint-Hilaire, se conforme d'autant mieux aux exigences de son devoir que ses labeurs sont plus réguliers. Afin d'y parvenir, l'esprit, *qui ne peut tirer que de lui seul les règles capables de le préserver de l'erreur*, a reçu la faculté de se replier sur lui-même ; il peut se prendre pour le sujet de ses propres observations, comme il y soumet les objets extérieurs. C'est ce travail intime qui constitue la méthode. La réflexion appartenant exclusivement à la philosophie, *elle seule a le droit d'imposer les lois de la raison à toutes les sciences*, parce que toutes les sciences relèvent de l'esprit. Lorsque les sciences spéciales s'occupent de la méthode, elles cessent d'être ce qu'elles sont. Cette excursion leur est toujours permise, à la condition de savoir *qu'elles sortent de leur domaine, pour entrer dans un domaine plus large que le leur*. La philosophie est ainsi la mère des sciences, en leur donnant la direction qu'elles doivent suivre, sous peine de s'égarer »[1]. Ajoutons que cette excursion hors du domaine spécial dont elle s'occupe est non seulement *permise* à la religion, qui ne peut se concevoir sans science religieuse, mais qu'elle est aussi *obligatoire* pour elle parce qu'elle vulgarise l'idée de Dieu, ce qui ne peut se faire que dans certaines conditions déterminées. Nul ne contestera en effet que le devoir de la religion est de se montrer correcte dans le domaine de la *psychologie* où doit se discuter l'idée de Dieu ainsi que la méthode philosophique, fruit de la raison que la nature appelle à dicter la loi à toutes les sciences et par conséquent à la religion. Nous verrons par la suite que notre intelligence ne peut faire preuve de morale en religion qu'en sachant faire preuve de raison en psychologie et que sans morale de conscience, aucune vraie loi de Dieu n'est possible.

A nouvelle conception nouvelle méthode. Je pourrais répéter vingt fois et sous différentes formes ce que je viens de dire, parler indéfiniment de la nécessité où nous nous trouvons

---

[1] *La philosophie*, etc., p. 269.

périences dont il sera le spectateur intéressé. Engager les responsabilités individuelles en vue de les obliger à créer quelque chose de clair ou à se rendre sur les questions de principe, en face d'un adversaire bien déterminé à ne pas lâcher prise avant d'avoir obtenu un résultat utile, est une méthode philosophique que je me propose d'appliquer à l'avenir sur une certaine échelle et dont ce petit travail ne représentera en quelque sorte que le premier pas.

Nous venons de voir l'importance de la psychologie comme loi de rapport entre les faits scientifiques et religieux, mais combien y a-t-il de personnes qui soient en état de comprendre le rôle que l'étude attentive des fonctions de notre esprit est appelée à jouer dans les convictions religieuses ? Elles sont bien rares assurément et l'on perdrait son temps à discuter avec ceux qui placent leur foi personnelle au-dessus des faits et considérations qui doivent devenir une cause de transformation de la foi dans *l'ensemble du milieu social* où ils se trouvent. Alors comment prouver ce que j'avance, quand chacun peut me dire : vous prétendez que la foi doit se modifier, ce qui revient à déclarer que la nôtre est défectueuse mais qu'en savez-vous ? et cela sans se soucier le moins du monde d'analyser ce qu'on lui dit, ou d'être même, la plupart du temps, en état de le faire. La foule me répondra : nous nous trouvons bien avec la foi qui nous anime elle est protégée par un glorieux passé historique et comme elle protège elle-même nos intérêts individuels, dans le sens que nous les entendons, nous ne tenons pas à la transformer, adressez-vous à d'autres et veuillez ne pas venir troubler le repos de gens qui se sentent heureux dans les conditions où ils vivent.

Tel est le langage pratique du troupeau qui se place à l'abri de l'opinion de son berger. Ce n'est pas avec lui qu'on peut faire de la philosophie. Mais la responsabilité du pasteur ne compte-t-elle pour rien aux yeux de ceux qui l'écoutent avec confiance et s'en remettent complètement à son intelligence pour les protéger au moment du danger ? Voilà une question qui dans sa simplicité, intéresse bien autrement la foule que l'analyse d'un ordre d'idées qui n'est pas de sa compétence et qu'on aurait bien tort de lui adresser. Le public veut que son pasteur sache défendre victorieusement la foi qu'il lui enseigne en lui disant : « *Jamais on n'est confondu quand sur Toi l'on se repose* »[1]. Car ce n'est qu'à cette condition qu'il comprendra que cette foi est la bonne, qu'il a bien raison de l'écouter et de s'en remettre à lui. Il est clair d'ailleurs que là où le pasteur ne sait pas se maintenir en position, le troupeau est en déroute. Le premier est donc tenu de montrer qu'on ne saurait le confondre, ce qu'il peut faire en définissant le Dieu sur lequel repose sa foi.

Le troupeau dépend de son pasteur et celui-ci de sa conscience qui a des devoirs généreux à remplir en dehors de ceux dont elle fait sa préoccupation quotidienne car elle est responsable envers la société des idées qu'elle émet en les donnant pour l'expression de la volonté de Dieu. Elle ne peut d'ailleurs les défendre qu'en sachant prouver qu'elles sont plus fortes que toutes celles qu'on pourrait lui opposer sur le même sujet. Si le grand public n'est pas toujours bon juge d'une exposition que chacun apprécie à son point de vue, il est excellent juge dans une controverse qui se passe entre

---

[1] Epigraphe de la *Rédemption*, par Louis Choisy.

deux personnes dont il est parfaitement en état de suivre les passes intellectuelles et de comparer les arguments. La conclusion qui est le résultat d'un échange d'idées, fait dans des conditions justes et bien spécifiées, devient ainsi beaucoup plus utile à l'opinion publique et à l'interprétation de la cause qu'on soutient que toutes les pensées qu'on adresserait à une figure collective irresponsable. Cela est surtout vrai lorsqu'il s'agit de la discussion des droits fondamentaux de la conscience.

On commencera sans doute à comprendre le genre d'expérience psychologique que je me propose de soumettre à l'appréciation de l'opinion publique. Elle consiste à établir *par les faits* si la formule de la foi est conditionnée ou ne l'est pas par les lois fondamentales de l'esprit de l'homme. Nous avons vu plus haut, et personne ne pourra en douter, que la raison est conditionnée par les lois qu'elle porte en elle-même et il ne reste plus qu'à savoir si la foi est aussi subordonnée à certaines lois dont le principe est dans le fonctionnement même de la raison. On ne parviendrait à aucun résultat en se bornant à faire de l'académie sur un pareil sujet, qui exige que la *nature même* soit mise en cause. On ne pourra résoudre ce problème qu'en faisant ce qu'on peut appeler une *expérience de force*, c'est-à-dire en attaquant avec fermeté une foi conventionnelle ou personnelle, au nom des droits de la conscience naturelle, afin d'obliger celui qui la proclame à coordonner ses idées de manière à établir que sa foi s'impose à la conscience de tous. Il est clair qu'il ne pourra le démontrer qu'en sachant en faire un devoir à son contradicteur, c'est-à-dire en lui prouvant qu'il est en état de le réduire au silence par une juste observation de la loi de la conscience, à laquelle tous doivent obéir.

J'aurais sans doute encore différé le commencement de l'œuvre que je me suis fait un devoir d'accomplir, si une circonstance imprévue ne m'avait engagé à passer plus rapidement à l'action que je n'en avais d'abord l'idée. C'est la lecture d'un petit ouvrage, déjà relativement ancien mais dont j'avoue n'avoir eu connaissance que tout récemment, qui m'a conduit à faire cette étude préparatoire. Je veux parler du livre intitulé *la Conscience*[1] et

---

[1] *La Conscience*, par Louis Choisy. Genève, F. Richard, éditeur, 1872.

résumant six conférences prêchées à Genève par M. le pasteur Louis Choisy. Il m'a fait comprendre la nécessité de poser clairement la question des rapports de la conscience naturelle et de la conscience religieuse avant de passer à des vues philosophiques plus générales. C'est donc à son auteur que je viens proposer de traiter régulièrement le sujet des devoirs réciproques de la conscience qui se sent liée par certains dogmes et de celle qui ne veut être l'esclave d'aucun dogme. Le public sera mis ainsi en état de juger de quel côté se trouve la vérité *selon la nature*, par le procédé, engageant deux responsabilités d'opinion contraire, dont je viens de parler.

Que M. Choisy me permette de lui faire ici une observation particulière. Les idées de base que je vais lui soumettre ne sont point nouvelles pour lui puisqu'elles ont, depuis longtemps déjà, été soutenues par de très honorables penseurs et dans une forme des plus convenables qui, ne s'adressant pas à lui directement, ne pouvait porter le moindre ombrage à son amour-propre. En a-t-il tenu compte ? Nullement et pourquoi cela ? Sans doute parce qu'il s'envisageait comme parfaitement libre de n'y prêter aucune attention et, probablement aussi, parce qu'il ne lui convenait pas de discuter les vues de ses adversaires. Je me permets donc de lui faire remarquer que c'est précisément cet état de faits qui a motivé le genre d'attaque que je dirige maintenant contre lui, ainsi que la nouvelle méthode de conviction que j'applique afin de l'obliger à se prononcer catégoriquement sur un sujet des plus sérieux, et à propos duquel je ne puis plus lui reconnaître le droit d'observer le silence, à la suite du livre qu'il a écrit sur la conscience dans lequel il a imposé des conditions très nettes à la raison de ceux qui ont une foi différente de la sienne.

La situation qu'il a créée lui-même a placé ses contradicteurs dans une position extrêmement délicate à son égard dont je crois devoir parler avec une entière franchise. Il trouvera peut-être que j'ai souvent exagéré ma pensée jusqu'à friser l'inconvenance à l'égard de sa personne et c'est pour cela que je tiens à déclarer avant tout qu'il n'y a pas d'homme dont le caractère m'inspire plus de vénération que le sien et que j'estime plus digne de mon respect que lui. Je n'ai pas l'habitude de choisir

en présence desquels nul ne voilera sa pensée qu'en se faisant du tort à lui-même et aux autres. Il n'y a du reste pas d'autre moyen d'obtenir quelque chose d'une conscience hypothéquée par une foi irréfléchie, et de l'amener à transaction, qu'en en opérant énergiquement sur son amour-propre absolu, c'est-à-dire sur sa tendance naturelle au bien, en vue de lui montrer les erreurs intellectuelles et morales que sa raison a pu commettre dans l'inconscience où elle se trouvait sur la portée de ses actes et sans se douter des fâcheuses conséquences qu'ils devaient entraîner.

On devra convenir que celui qui se propose d'ériger en principe que *toute foi erronée, se transformant en doctrine, est nécessairement immorale dans ses manifestations intellectuelles et par conséquent une source d'immoralité*, est bien obligé de recourir au seul moyen que la nature met à sa disposition pour établir que ceux qui s'en font les défenseurs ne pourront jamais démontrer qu'ils accomplissent leur devoir selon la conscience. Comme je ne puis exercer mon propre devoir, dans la discussion qui traite de l'idée de Dieu, qu'en démontrant aux autres qu'ils n'observent pas le leur, cela

j'applique pour faire surgir la vérité, et qui consiste à engager fortement les responsabilités individuelles, n'est pas du tout dirigée spécialement contre M. Choisy, car je me promets bien de l'exercer avec non moins d'énergie pour combattre le matérialisme. M. Choisy trouvera peut-être alors qu'elle est beaucoup mieux à sa place en science qu'en religion. Quand, au lieu de parler dans le vide, j'aurai compromis quelques savants de haute réputation et bien en vue, afin d'engager leur honneur à faire de la vraie science ou à déposer les armes en face d'un adversaire tout à fait décidé à ne rien céder avant d'être parvenu à ses fins, c'est-à-dire à conclusion, ce procédé contribuera à faire comprendre que chacun a intérêt à transiger avec la philosophie au lieu de pontifier contre la métaphysique, en inondant la foule de fausse science.

A chaque siècle sa méthode ou ses moyens d'affirmer les droits de la conscience à connaître et à juger les lois de la nature. Celle de notre époque doit tendre à prouver que la science et la religion sont appelées à ne plus former qu'une seule unité philosophique. C'est là le principe que je m'efforcerai de mettre toujours en évidence, en me montrant aussi impartial envers les erreurs de la science qu'envers celles de la religion, afin de faire surgir de leurs ruines le germe d'une nouvelle foi et d'une nouvelle vérité qui seront complémentaires dans la fonction de notre esprit.

La Conscience universelle.

M. Choisy, dans le livre qui sert de point de départ à notre étude, aborde ainsi son sujet : « Un célèbre géomètre de l'antiquité, Archimède, demandait seulement un point d'appui, et il se chargeait de soulever le monde. La conscience est, dans l'ordre moral, le point d'appui des divers leviers que vous pouvez appliquer à la société humaine, soit pour l'arracher à ses antiques fondements, soit pour la transporter sur des bases nouvelles, soit pour la faire avancer ou reculer dans un sens déterminé. Un grand penseur allemand du siècle dernier l'a compris, et dans le système, dont Kant fut l'architecte, la conscience, le fait moral remplit les fonctions de maîtresse pierre du coin ; la place qu'elle a conquise lui demeure désormais assurée. »

Ces paroles, sorties de la bouche d'un ministre de Dieu, assurent en effet une base commune aux deux branches du levier de la pensée de l'homme qu'on appelle la *philosophie* et la *religion,* et elles nous prouvent qu'elles doivent parvenir à fonctionner en parfaite harmonie de loi sur la connaissance de celle de la conscience qui est leur point d'appui général. C'est ce que je chercherai à mettre en lumière, et, afin d'éviter tout malentendu, commençons par définir ce qu'il faut entendre par la *conscience naturelle* et la *conscience religieuse* que j'oppose entre elles pour aider à comprendre leurs rapports.

Appelons *conscience naturelle,* celle de l'homme à l'état normal qui, vivant de sa propre loi, croit à la nécessité du progrès dans les idées, cherche la vérité impartialement et sans parti-pris, et défend son droit de penser librement en présence des enseignements de la fausse science ou des religions dogmatiques.

Et *conscience religieuse,* l'état de conscience du représentant d'une religion quelconque qui fait des efforts pour persuader aux hommes que leur devoir est de se conformer aux dogmes qu'elle déclare être la révélation de Dieu, bien qu'elle ne puisse pas les justifier.

La première, défend les droits naturels qu'elle trouve dans sa propre essence, et la seconde, se fondant sur l'idée morale, proclame que chacun doit effacer sa personnalité intellectuelle devant le Dieu, la foi ou la doctrine dont elle fait sa règle de conduite absolue.

Mais, comme il ne suffit pas d'*affirmer* que ce qu'on envisage soi-même comme étant le bien, doit servir de base de conduite à tous — ni de se fonder sur le droit de penser comme l'on veut pour avoir celui de nier Dieu, nous allons chercher à déterminer les conditions de pensée que la conscience universelle impose à chacun, pour qu'il puisse se donner, à juste titre, comme le représentant de la vérité.

. .
.

Établissons d'abord les points sur lesquels la conscience naturelle et la conscience religieuse sont forcées de s'entendre, en citant quelques idées de M. Choisy sur la conscience en général. « La conscience règne en juste reine et la plupart de ses arrêts sont sans appel! (²¹) Il n'y a pas de justice de la rive droite ni de la rive gauche ; il y a la justice. Je dis plus, il n'y pas une justice pour les nations, une autre pour les individus, une en politique et une autre dans la vie privée, une en religion et une dans les rapports d'affaires ou de société. Il n'y a qu'*une* justice, comme il n'y a qu'*une* conscience. Une conscience en résumé, n'a pas besoin d'être chrétienne pour connaître les devoirs de l'amour du vrai et de la justice. (⁸⁷) La conscience, nous en sommes convenus est chose universelle. Mais la conscience varie aussi suivant les lumières et suivant l'exercice. (⁸⁰) S'il y a *des* consciences diverses, il y a aussi *une* conscience. Nous varions dans nos jugements, mais nous ne varions pas dans le sentiment perpétuel, universel de notre responsabilité devant la même loi de Dieu. (⁵⁶) La variation gît dans les applications, non dans les principes. (⁴⁷) Formes diverses, principe unique. (⁵¹) Partout on croit au devoir de subordonner l'intérêt individuel à l'intérêt général et notre belle devise : « *Un pour tous* » est d'aussi vieille date que la conscience humaine. Voilà le principe! (³⁰) Partout on croit à la justice et au devoir d'infliger au coupable la peine de ses crimes, voilà le principe ! Mais à quelles extrémités ne le pousse-t-on pas! (⁵¹) etc., etc. *Obéir à Dieu plutôt qu'aux hommes*, telle a été de tout temps la fière devise des champions de la conscience. » (⁹⁹)

Je pense qu'il sera difficile de contester la justesse de ces idées et chacun se mettra, je n'en doute pas, sans peine d'accord avec M. Choisy sur toutes ces vues que je prends comme base de discussion. La conscience est universelle et ne varie pas, ce sont nos jugements qui varient et qui sont ramenés à leur loi normale par la conscience. Formes diverses, principe unique : Obéir à Dieu dans des conditions qui puissent satisfaire la *conscience*, c'est-à-dire tout le monde, telle est la loi du devoir. Voyons maintenant comment M. Choisy définit la conscience :

« Qu'est-ce que la conscience, dit-il ? La conscience c'est le sentiment de la présence active et vivante de Dieu en nous, — sentiment *divin* par son objet, son fond, son origine : Dieu — sentiment *humain* par le lieu de sa manifestation, par ses variations et ses effets. » (⁸)

Jusqu'ici nous sommes toujours d'accord, car on peut concevoir la conscience universelle sous cette forme. Nous n'avons pas d'ailleurs à nous préoccuper ici de ceux qui la nient, ils relèvent d'un autre ordre d'idées. Mais, une fois qu'on a appelé la conscience *chose universelle*, puis *loi vivante de Dieu* en nous, lorsqu'on a reconnu son devoir de subordonner l'intérêt individuel à l'intérêt général, on ne peut plus en disposer au profit des intérêts d'une religion particulière qui n'a le droit de revenir sur ce principe qu'après lui avoir rendu correctement ses comptes. *Ce que tu imposes aux autres, t'oblige toi-même et ce que tu leur fais, tu dois l'attendre d'eux.* Le point d'appui de la conscience étant l'idée de justice, la conscience naturelle ne peut accepter une obligation religieuse qu'à la condition qu'on sache lui démontrer qu'elle est juste. Aucune religion ne doit disposer de la conscience avant d'avoir défini les termes du contrat qui l'unit à elle et institue des droits et devoirs réciproques. La devise de Dieu qu'on identifie avec celle de la conscience étant : *Un pour tous*, la conscience naturelle ne saurait admettre qu'on la subordonne à une volonté de Dieu fantaisiste dépendant de l'impression religieuse qu'éprouvent certains hommes. *On l'oblige à se justifier, elle demande donc qu'on se justifie.* Une religion quelle qu'elle soit, n'est qu'une institution humaine, mais la conscience est *l'institution de Dieu*, elle n'obéit qu'à Dieu ou à ceux qui savent lui parler avec autorité en son nom, ce qui ne peut se faire qu'au moyen d'idées concordant normalement avec le principe de la loi absolue qu'elle représente. La conscience exige qu'on lui définisse clairement ce qu'on entend par *la loi de Dieu*, avant de chercher à lui imposer une volonté arbitraire qu'on affirme être celle de Dieu, mais qui pourrait bien ne pas l'être. Il faut que cette volonté prenne une forme universelle contre laquelle nul ne puisse protester.

Il résulte de ces diverses considérations que la raison ne peut pas souscrire à la suite de la définition que M. Choisy donne de la conscience dont il fait, beaucoup trop tôt, un principe *proprement religieux*, en des termes qui indiquent nettement le point où la conscience naturelle et la conscience religieuse sont appelées à affirmer chacune leur intérêt et à discuter leur manière de voir respective :

« Qui dit conscience, dit un double rapport avec Dieu, un rapport avec la *personne* même de Dieu, rapport proprement *religieux* qui doit nous porter à la communion avec Dieu, nous faire aimer Dieu de tout notre cœur, de toute notre âme, de toute notre pensée, — et d'autre part un rapport avec la *volonté* de Dieu, avec la loi morale qui préside au perfectionnement spirituel de l'homme, rapport moral se rattachant sans cesse à des impressions religieuses et dépendant de celles-ci. Vous le voyez, nous distinguons, pour plus de clarté, le sens religieux qui nous unit à la personne de Dieu par l'amour et le sens moral qui nous unit à sa volonté par l'obéissance, quoiqu'à bien regarder, la distinction n'existe guère en fait. « Dieu est la loi vivante » et la conscience c'est le sentiment de la loi vivante ; la conscience, c'est Dieu en nous, nous pressant d'accomplir sa volonté divine à notre égard. » (²)

Il est clair que cette définition ne tend à rien moins qu'à faire de la conscience un instrument religieux, avant que la religion ait songé à préciser ses propres devoirs envers la conscience naturelle. C'est aborder l'idée de Dieu en partant d'une injustice. Qu'eût répondu

M. Choisy à celui qui aurait défini la conscience : *le pouvoir que nous avons d'étudier les lois naturelles conformément à l'idée de Dieu ?* Qu'aurait-il dit s'il l'eût fait sans se préoccuper de la religion et avec l'intention évidente d'exploiter le *sens moral* de l'homme contre les enseignements doctrinaires du christianisme ? Il est assez probable qu'il eût appelé cet homme injuste et exclusif. Comment faut-il alors qualifier la religion lorsqu'elle ne trouve dans la conscience que ce dont elle a besoin *pour la défense de ses vues ?* Qu'est donc l'homme qui, ignorant volontairement *la science*, loi de Dieu de tant d'honnêtes gens, ne lui offre aucune place dans la conscience et n'éprouve que le besoin de dresser cette dernière à l'école de ses croyances, en vue de la conduire peu à peu dans le domaine du dogme religieux ? Cet homme peut-il s'appeler juste en conscience ? Osera-t-il dire que la *volonté* de Dieu n'est pas que nous cherchions à pénétrer sa loi par le chemin de la science ? Alors pourquoi écarter d'emblée cette *route de conscience* et entraîner l'esprit dans une direction que la raison réprouve ?

« puis à la sainteté et à la vision de Dieu au sein de l'infinie béatitude » ([10]) on interprète bien la *conscience universelle* selon la pensée de Dieu, ou de manière à donner satisfaction à toutes les intelligences ?

Il n'est pas possible de séparer la *raison* de la *conscience*, il faut donc en tenir compte, et celle-ci lui crée des devoirs *d'ordre intellectuel* hors desquels aucune science morale ne peut se créer et la connaissance de la vraie loi de Dieu devient une utopie. Avant de faire aimer Dieu et de proclamer qu'on doit lui obéir, il importe de constituer un *Dieu de conscience* rendu inattaquable. Il n'y a que la raison qui puisse se charger de cette tâche. Comment pourra-t-elle l'accomplir si on ne lui accorde pas une place à côté du sentiment dans le principe de conscience ? Pourquoi, quand la religion entreprend d'étudier *ce qu'est la conscience* en exclut-elle la raison, alors que personne ne pourra jamais concevoir la conscience — même, sans son aide ? Les religions auraient-elles quelque intérêt à ne pas parler de la raison lorsqu'elles s'appuient sur la conscience pour conduire à la vision spirituelle du vrai

Dieu ? Il serait nécessaire de s'entendre clairement sur ce point avant de passer à des développements ultérieurs sur le principe de conscience.

Restons-en pour le moment aux premières idées de M. Choisy car elles constituent la seule base sur laquelle *toutes* les consciences puissent s'entendre, et concluons en disant que la conscience étant, par sa nature, même à la fois *scientifique* et *religieuse* ne doit être accaparée ni au profit exclusif de la science ni à celui de la religion. C'est à ceux qui s'occupent de science ou de religion de rechercher le moyen d'interpréter la loi vivante de Dieu de manière à ne faire de tort à personne. Agir contrairement à ce principe serait se condamner soi-même, tant d'un côté que de l'autre.

Nous pouvons ajouter aux vues de M. Choisy quelques idées d'hommes éminents qui ont la même tendance à donner un caractère universel à la conscience puis à s'écarter peu à peu de ce principe pour la faire glisser dans une ornière religieuse où l'on cherche à la retenir captive au profit des intérêts d'une église, contre les droits absolus de la conscience naturelle.

Voici à ce propos la pensée d'Alexandre Vinet[1] :

« La conscience est cette voix secrète qui condamne tout ce que nous faisons contre notre persuasion intérieure. » (¹)

« La conscience est ce principe moral qui nous presse d'agir conformément à notre persuasion et qui nous condamne lorsque nous agissons d'une manière contraire à cette persuasion, c'est pour ainsi dire le ressort de l'homme moral. » (²)

« Or cette conscience, je veux dire cet instinct qui nous presse d'agir conformément à notre conviction, quelle qu'elle soit, cette conscience est pour l'homme la première des lois ou pour mieux dire la seule loi véritable. »

« Il y a dans chaque homme, aussi longtemps qu'il n'est pas complètement abruti, un sentiment inexplicable qui, échappant à toute analyse, doit être considéré comme un fait primitif de notre nature. c'est celui *de mettre nos actions en harmonie avec notre persuasion.* » (⁴)

« On confond la conscience avec la loi morale. Elle n'est autre chose que le sentiment

---
[1] *Esprit d'Alexandre Vinet*, par Astié. 1ᵉʳ vol.

de l'obligation, dans sa plus grande pureté, dans sa plus grande abstraction. » (⁴)

« La pensée, j'entends la pensée morale, la pensée de la conscience est l'homme lui-même. » (⁵)

« Le droit et le devoir nous portent dans le domaine de l'impersonnalité et de l'idée. » (¹⁰)

« Qu'est-ce que la conscience sans Dieu ? Qu'est-ce que la conscience, sinon l'organe et le *ministre résident* de Dieu au dedans de nous ? »

« La conscience n'est pas *Nous*, elle est *contre Nous*, elle est donc *autre que nous*. Si elle est autre que nous, elle ne peut être que Dieu. Si donc elle est Dieu, il faut traiter ce Dieu comme il le mérite et ne pas respecter moins le roi que l'ambassadeur. Si Dieu nous a assigné un but, ce but ne peut être hors de lui. » (¹¹)

« Il n'y a pas de conscience collective, nationale, officielle ; la conscience est toujours individuelle, chacun agit selon *sa* conviction et à *sa* manière. » (¹⁵)

« Nous pouvons nier la conscience ou la mépriser : beaucoup de soi-disant philosophes nous en ont donné l'exemple et je ne prétends en empêcher personne ; mais je prétends que si l'on veut la recevoir, il faut la recevoir telle qu'elle est et accepter son intervention avec toutes ses conséquences. Or un rôle subalterne n'est pas fait pour elle ; partout où elle paraît elle veut paraître en souveraine. Dès que nous l'avons acceptée, c'est à elle seule qu'en toutes choses nous devons obéir ; et les lois humaines n'obtiennent dès lors notre soumission qu'en tant que notre conscience nous ordonne de nous soumettre. Et s'il arrivait qu'une loi fût en opposition avec ce que la conscience nous a fait accepter comme devoir, il faudrait de toute nécessité que nous obéissions à la conscience plutôt qu'aux lois, parce que la conscience est au dessus des lois : il arriverait alors que le même principe moral en vertu duquel nous obéissons à l'autorité humaine nous porterait invinciblement à résister à cette même autorité. » ([14])

On remarquera que les définitions de Vinet nous font faire un pas en avant sur celles de M. Choisy, car elles sont d'un ordre déjà plus *intellectuel* et moins tendantiel religieux. Elles contiennent beaucoup de vrai, mais doivent être aussi critiquées, car elles créent plusieurs *moitiés de vérité* qui pourraient conduire la conscience dans une voie dangereuse si elles n'étaient complétées. La conscience ne peut admettre que ce qui est clair et irréfutable lorsque c'est sa propre loi qui est en cause.

Commençons par résumer les données fondamentales ou universelles qui mettent Vinet d'accord avec M. Choisy et avec la conscience naturelle. La conscience étant la loi vivante de Dieu ou le ministre résident de ce dernier est pour l'homme la première des lois ou pour mieux dire *la seule loi véritable*. Si Dieu nous assigne un but il ne peut être *hors de la conscience*. Il faut donc recevoir celle-ci telle qu'elle est et accepter son intervention *avec toutes ses conséquences*. Un rôle subalterne n'est pas fait pour elle, partout où elle parait elle veut paraître en souveraine. Dès que nous l'avons acceptée, *c'est à elle seule qu'en toutes choses nous devons obéir*. Voilà des principes qui créent des devoirs à la conscience naturelle envers la conscience religieuse et réciproquement. Il y a là un contrat bilatéral scellé par la conscience elle-même et protégé par la raison qui en dépend. Y déroger serait se montrer traitre à la loi de Dieu selon la conscience, et l'on ne fondera jamais aucune doctrine morale sur une injustice.

Passons maintenant à l'analyse des *moitiés de vérité*. En disant que la conscience *est* cette voix qui nous pousse à agir conformément à notre persuasion et nous condamne lorsque nous agissons contrairement à cette persuasion, puisqu'il n'y a pas de conscience collective et que chacun agit selon *sa* conviction et à *sa* manière, Vinet envisage la conscience sous un aspect personnel qu'elle ne peut confirmer. Il ne l'apprécie en effet qu'au seul point de vue de la conduite de l'individu au milieu des évènements de la vie où il semble lui accorder le droit de n'agir que conformément à sa manière de voir personnelle, pourvu qu'elle soit sincère. Cette définition est illusoire car une conviction peut être une erreur et la conscience sait qu'elle ne doit pas vivre dans l'erreur, son éternel devoir étant de chercher le mieux. Elle est le juge de l'erreur aussi bien *dans l'ordre de l'idée* que *dans les actes*, son devoir est de le reconnaître afin de modifier sans cesse ses vues personnelles pour les rendre *collectives*. On n'a pas satisfait la loi de la conscience impersonnelle lorsqu'on a agi selon sa propre persuasion, sans se préoccuper de celle des autres. Chacun doit s'appliquer à dégager son esprit des impuretés qui constituent sa persuasion individuelle, et chercher, dans sa conscience, les éléments d'une conviction qu'il puisse imposer à tous. Il a en lui tout ce qu'il faut pour parvenir à ce résultat. La conscience pousse irrésistiblement à la notion collective et lorsqu'on estime qu'on a fait son devoir, en agissant selon sa conscience personnelle, on est dans l'erreur car on ne tient pas compte de la vie sociale qui vous place à côté d'autres consciences qui sont dans le même cas que vous et qui agissent souvent en vertu d'un mobile dépassant de beaucoup le vôtre en sens moral et en élévation intellectuelle. C'est là une observation dont les religions n'auront pas tort de chercher à faire leur profit. La conscience est individuelle, cela est vrai, mais ce qui la caractérise avant tout comme loi de Dieu c'est la propriété qu'elle a de constater son devoir d'impersonnalité et son pouvoir d'action sur l'idée. Elle nous pousse malgré nous à comparer notre conviction avec celle des autres et nous oblige à subordonner nos vues à tout ordre d'idées que nous ne sommes pas en état de détruire.

Nous allons voir le côté pratique de ce que je viens de dire en constatant l'usage que Vinet fait de *sa propre persuasion*, qu'il transforme en devoir collectif, sans se soucier le moins du monde d'observer ce qu'il doit aux autres pour satisfaire la loi de Dieu qui est assurément la même dans la conscience de ses adversaires que dans la sienne. Il n'explique rien et se borne à constater que le devoir de chacun est de penser comme lui, pour être dans sa loi naturelle.

« L'Evangile est caché au fond de toute conscience, c'est-à-dire cet Evangile intérieur qui ne serait rien sans Evangile extérieur, mais sans lequel aussi l'Evangile extérieur ne serait rien. »

« S'il était possible de caractériser une religion par un seul mot nous dirions que le christianisme est la religion de *conscience*. C'est là en effet son caractère distinctif et l'un des traits les plus éminents de sa supériorité. Les religions peuvent s'adresser à différentes forces de notre âme. Telle religion s'empare

de son devoir normal au profit d'une *conviction personnelle* qui ne sait pas se justifier.

On ne plaisante pas impunément avec la conscience lorsqu'on l'a appelée *la première des lois !* On est tenu de la respecter comme telle et d'envisager celle des autres non pas comme un serviteur dont on dispose, mais comme un contractant régulier avec lequel on a des comptes à établir. On doit donc traiter avec elle et ne pas avoir recours à des subtilités de langage pour la placer sous la dépendance de l'Évangile. J'entends ici d'un Évangile à double issue qu'on cherche à imposer avant de l'avoir défini. Ce qu'il y a de vrai dans l'Évangile, connu de tous, doit s'imposer à la conscience par la force même de la vérité, mais non prendre sa place, ni lui être substitué par des moyens qu'elle ne saurait approuver.

On peut atteindre un athée, un libre-penseur, un Juif ou un Mahométan avec *ce que la conscience a d'universel*. On n'a qu'à savoir en faire usage, mais nul n'a le droit de dire que l'Évangile, tel que se le représentent certaines gens, soit *la conscience de la conscience* et le christianisme — que chacun interprète à sa manière — soit *la consciene elle-même élevée à sa dernière puissance*. C'est une insulte à la loi de Dieu et la conscience ne permettra à personne de soutenir correctement de pareilles idées. On ne peut, je le répète, régner sur elle qu'avec des formules de conscience universelle. La religion qui satisfera cette condition sera la vraie, mais où est-elle ? Elle n'est certainement pas celle de Vinet qui, après avoir proclamé la souveraineté de la conscience, cherche des biais pour l'asservir à des vues de secte qui n'ont assurément rien d'universel. La vérité ne procède pas ainsi elle s'affirme droitement en disant : *Voilà ce que je suis juges-moi, prenez-moi pour ce que je vaux, et tâchez de faire mieux !*

Passons maintenant aux idées de M. de Gasparin sur le même sujet [1] :

« La voix de Dieu en nous, notre conscience est cela, nous tient à tous un langage pareil : Le bien oblige ! — Voilà ce qu'elle nous dit : Le bien est la double manifestation du bon et du vrai ! ([5])

« Si l'on nous ôtait notre conscience, l'obli-

---

[1] *La Conscience*, par le Comte Agénor de Gasparin. Calmann-Lévy, éditeurs, 6ᵉ édition. Paris, 1878.

gation morale, la morale elle-même, le monde moral tout entier croulerait du coup, car, tout entier, il repose sur un témoignage infaillible. Ce témoignage infaillible est un témoignage universel. Cette révélation-là n'a fait défaut à aucun homme. (⁶)

« Fait universel, la conscience nous offre un terrain commun, le seul où nous puissions tous nous rencontrer, car, indépendamment des révélations extérieures, la conscience pose l'obligation morale, et l'obligation morale est notre maître à tous. (⁷)

« Ni la vérité, ni les droits de la vérité ne parviendront à se passer de la conscience. (⁸)

« Après y avoir réfléchi mûrement, il m'a paru que la conscience se présentait à nous comme notre moyen de défense le plus sûr. Avec elle tout se simplifie et l'on évite de chercher beaucoup de discours. (¹²)

« On n'est pas consciencieux comme il faudrait, je le crains, en matière de conviction. Le mal qu'on fait ainsi est énorme, car il blesse la conscience dans son essence même. » (¹³)

« La conscience maintient sa protestation contre l'erreur qui sépare, elle maintient son témoignage en faveur de la vérité qui unit. (¹⁵)

« Ma conscience ne me permet pas de déclarer que ceux qui ne pensent point comme moi ne sont pas consciencieux... La sincérité ne suffit pas. » (¹⁶⁻¹⁸)

Ces déclarations placent la conscience naturelle et la conscience religieuse sur un excellent terrain d'entente commun. Avec ces faits d'observation ou ces principes *consciencieusement* reconnus et adoptés, on abordera et discutera avec fruit la question de la religion universelle, la seule que la conscience naturelle puisse reconnaître comme étant vraiment dans l'esprit de la loi de Dieu qu'elle représente. Mais qui est-ce qui déroge le premier au principe d'entente commun, si ce n'est la religion même ? Et pourquoi cela ? C'est que son intérêt y est engagé. Elle a besoin de dominer la conscience et n'éprouve d'ailleurs aucun désir de s'en inspirer, d'étudier et de suivre l'impulsion naturelle qu'elle lui donne. Toute religion a une tendance à subordonner l'intérêt général à son intérêt particulier, dans l'ordre de l'idée. De là la nécessité d'opposer une barrière à la loi *vivante* de Dieu, celle de la loi de Dieu *révélée* qui permet à l'individu lisme religieux de disposer de la conscience, tout en affirmant sa souveraineté. C'est ainsi que la religion se facilite la voie pour se soustraire à la nécessité de discuter l'obligation morale que la conscience lui impose. De là une lutte entre les deux lois de Dieu, dans laquelle la seconde ne peut se tirer d'embarras qu'à force d'affirmations et d'artifices de langage, parce que la conscience même ne lui permet pas de conclure de manière à satisfaire normalement *la loi d'idées* dont elle est le contrôleur.

On fera mieux de ne pas s'en rapporter au témoignage *universel* de la conscience, envisagée comme le seul terrain neutre sur lequel les hommes puissent se rencontrer, lorsqu'on se propose de leur faire ensuite la déclaration suivante qui est la monnaie courante que toute religion offre à ses concurrentes, lorsqu'elle place ses *textes* sacrés au-dessus de la critique de ses adversaires :

« *Notre* conscience reconnaît que l'Evangile ne saurait se confondre avec les autres doctrines, et qu'il occupe un rang particulier. Elle reconnaît en outre, qu'appelée à se prononcer sur les titres de l'Évangile, elle ne saurait se poser en juge du contenu d'un livre qui s'annonce comme divin. Ou les titres sont faux, ou les titres sont vrais : faux, le livre tout entier s'écroule ; vrais, le livre tout entier reste debout. Trier, choisir, rejeter telle déclaration, effacer tel écrit biblique — une fois les preuves de la divinité fournies — notre conscience ne le peut pas. Elle sait, car l'idée même de la révélation implique cela, elle sait qu'une religion révélée doit renfermer des problèmes qui nous étonnent, des mystères qui nous dépassent. Elle sait que le divin ne saurait être évident, car il y a toujours des choses insondables dans la rencontre de l'homme et de Dieu. » ([86])

Rapprochez cette déclaration de celles qu'a faites M. de Gasparin sur la *conscience et ses droits*, puis tâchez de conclure !

Qu'appelez-vous *notre* conscience, est-ce de la vôtre ou de la mienne que vous entendez parler ? Il importe de ne pas faire confusion sur ce point, de ne pas perdre de vue qu'une opinion ne fait pas loi, et qu'une question s'agite entre nous : celle de savoir si la vérité *selon*

Dieu réside dans la religion naturelle ou dans les dogmes de telle religion qui se donne pour révélée. Votre conscience est donc tenue de comparer les arguments et elle n'a pas le droit de disposer arbitrairement de la mienne, en lui annonçant qu'elle peut ceci ou ne peut pas cela, avant de lui avoir fourni le moyen de faire ses preuves en créant un ordre d'idées compréhensible. Si votre conscience juge convenable de s'effacer devant tel écrit, après avoir proclamé sa royauté, et consolidé ainsi celle de vos adversaires, la mienne subsiste et voici ce qu'elle pense : Fournissez-moi les preuves de la divinité dont vous parlez et j'agirai en conséquence. Mais on ne dit pas à une conscience vivant de sa propre loi *qu'on a des preuves* sans prendre la peine de les montrer. On perdrait du reste son temps en cherchant à la subordonner à une preuve imaginaire. Lorsqu'il s'agit de choses qui se rattachent à l'*idée de Dieu* la conscience ne se contente pas d'approximations d'amateurs, elle exige la preuve absolue. Où est-elle ? Il serait d'ailleurs intéressant d'apprendre comment le contenu d'un livre peut s'annoncer comme divin et dominer à ce titre la conscience, si, ainsi que l'affirme

M. de Gasparin *le divin ne saurait être évident !* ?

Passant à l'analyse des idées particulières de M. de Gasparin, la conscience naturelle estime que l'Evangile, envisagé comme « *source de vérité* » doit pouvoir se confondre avec toutes les autres doctrines, s'imposer à elles, les englober en son principe et les effacer dans sa lumière ; qu'il doit occuper un rôle *général* et non *spécial* s'il est vraiment la Parole de Dieu. Elle pense en outre que tout ce qui est *divin* ne craint pas d'être jugé et ne peut que gagner à l'être, car le propre du divin est de pouvoir résister à la raison de tous ; c'est à cela qu'on reconnait son essence. Donc jugez l'Evangile, triez, choisissez s'il y a lieu, fouillez-le tant que vous voudrez. Telle doit être la pensée de celui qui l'envisage comme étant l'œuvre de Dieu, car soyez bien convaincus que si ses titres sont vrais, et aussi réels que ceux de la conscience, on les trouvera parfaitement de force à résister à l'esprit de l'homme, tandis que s'ils sont faux, la conscience loi vivante de Dieu qu'on peut également juger, critiquer et combattre, tant que l'on voudra, exige qu'ils soient condamnés, parce que la *vérité divine* demande à ne pas être soutenue par l'artifice. Que celui qui se fait un devoir de défendre la volonté de Dieu *révélée* commence par la rendre aussi *naturelle* que la justice, c'est ainsi qu'il prouvera son origine. C'est de cette manière qu'a procédé Jésus-Christ. On ne fondera d'ailleurs jamais la vraie loi de Dieu ou la science morale sur le mystère, le merveilleux ou des problèmes qu'on se crée soi-même, dans son ignorance, en les rendant étonnants à plaisir. Pour la trouver il faut marcher, travailler, chercher, penser et vouloir. Elle ne sera jamais le lot des paresseux mystiques. La loi de Dieu, comme la vérité, implique la clarté, c'est par ce côté qu'il faut l'aborder. Le divin n'est divin que par son évidence et il doit se composer par éléments d'évidence, exactement comme la science. Ce ne seront jamais les choses insondables qui rapprocheront l'homme de Dieu, comme notre propre conscience nous avertit qu'il exige que cela se fasse. L'incrédulité a besoin d'arguments et non de mystères, elle ne reste incrédule que parce qu'on ne lui sert pas le genre de nourriture dont notre esprit a besoin. Que la conscience, qui se plaît à s'évanouir devant une révélation à laquelle elle déclare ne rien comprendre, réponde à celle qui, forte de la loi vibrante de Dieu, ne la cherche qu'en elle-même. Du choc des idées naîtra la *lumière universelle*, la seule qui puisse être l'expression de la vraie volonté de Dieu !

La Conscience logique.

Avant de disposer de la conscience des autres, il est nécessaire de prouver qu'on connaît la sienne. Or M. Choisy ne semble pas être encore bien au clair sur les données fondamentales de sa propre conscience, si l'on en juge par l'appréciation suivante :

« Quelles sont, dit-il, les *fonctions* reconnues de la conscience ? Il en est trois de clairement constatées. La conscience perçoit et articule la loi de Dieu, la loi morale, et par conséquent la distinction du bien et du mal. Elle engage en second lieu à faire le bien et détourne de faire le mal. La conscience enfin, approuve celui qui fait le bien et réprouve celui qui fait le mal. » ([10])

Cela signifie en résumé : La conscience normale croit en Dieu, distingue entre le bien et le mal, puis détourne du mal. C'est ce qu'on peut appeler sa *fonction morale individuelle* ou celle qui détermine la ligne de conduite de chacun en raison de ce qu'il est, tant dans l'infériorité que dans la supériorité. Chacun sépare le bien du mal selon ses goûts et a une tendance à envisager ce qu'il appelle le bien comme devant être la règle de tous, mais est-ce là la seule fonction reconnue de la conscience ? La religion peut-elle fermer les yeux sur la *fonction morale collective* de la conscience, celle de *relation* qui détermine sa ligne de conduite non seulement en raison de ce qu'elle *est* mais aussi de ce qu'elle *doit être*, au milieu de ses semblables, supérieures et inférieures, pour se conformer à la loi de Dieu qu'elles représentent toutes? En omettant la fonction intellectuelle de sa définition de la loi humaine *universelle* la religion ne semble-t-elle pas ne prendre de la conscience que ce qui lui convient le mieux, *le sens du devoir*, afin de la diriger selon ses vues, en évitant de se compromettre elle-même par des obligations envers la conscience *naturelle ?*

La fonction morale est le *sens du devoir*,

mais la *formule de ce devoir* ne compte-t-elle pour rien dans le principe de conscience et cette dernière peut-elle se laisser dépouiller de son droit de contrôle sur l'ordre des idées qui constitue l'obligation? Admettra-t-on que la religion puisse se fonder sur le *sens du devoir* qu'elle trouve en l'homme, en vue de faire ses intérêts personnels — et se désintéresser de la *loi logique* qui est l'arme normale de défense de la conscience naturelle contre ceux qui en abusent? A-t-elle le droit de parler et d'agir comme si elle en ignorait l'existence? L'homme a-t-il oui ou non le devoir d'être logique? La religion peut-elle se soustraire à cette obligation qui se trouve à la base de tous les rapports sociaux? Alors pourquoi, lorsqu'elle parle des fonctions de la conscience observe-t-elle le silence au sujet de la logique et de son rôle en général entre les hommes et l'idée de Dieu? Est-ce parti-pris ou aveuglement, car on ne comprend guère comment ceux qui s'occupent de la conscience universelle pourraient *oublier* de reconnaître sa fonction logique qui est principale et un *fait* d'évidence? Si c'est là un calcul il sera difficile d'établir sa moralité et si c'est un aveuglement on ne conçoit pas que les aveugles entreprennent de prêcher la lumière et de donner des ordres à la conscience, *la première des lois*, dont ils n'aperçoivent que ce qui peut être utile pour leur usage ou desservir certaines vues arrêtées.

On voit combien il est important de se mettre au clair sur ce qu'il faut entendre par la loi de la conscience et sa fonction absolue, avant de songer à la subordonner à des autorités dont son propre principe pourrait fort bien ne pas lui permettre de reconnaître la compétence. La conscience naturelle s'envisageant comme loi de Dieu, qui trouve son contrôle *en elle-même*, se définit un *rapport fonctionnel de la loi morale à loi logique* — ou du droit au devoir qui doivent se compléter pour créer la vérité selon la nature et ne peuvent s'exclure. L'homme a un double devoir à remplir *par les actes*, puis *par les idées* qui régissent les premiers en dernière analyse. Il faut que les actes soient conformes aux idées et que les idées qui dirigent les actes puissent s'imposer à tous. Telle est la loi de Dieu selon la conscience et dans sa forme naturelle. Régissant nos idées, elle a le pouvoir de se défendre par elle-même. Elle est à la fois scientifique et religieuse, car la science ne peut pas plus témoigner contre l'idée de Dieu que la religion contre la logique. La conscience leur fermerait la bouche à toutes les deux si elles essayaient de le faire.

La principale préoccupation des religions, en abordant la notion de conscience, est malheureusement d'en prendre possession au profit des idées étroites de leur église, qui se croit en général trop supérieure à la science pour se reconnaître aucune obligation envers elle. Elle consent à la tolérer, voilà tout. Or la science n'est pas moins nécessaire à l'homme au point de vue *divin* que la religion, et elle a ses droits contre lesquels cette dernière ne peut protester qu'à ses dépens, car la conscience veille au foyer de la loi. Étant impartiale par essence, et tenant compte de tout, elle n'admettra jamais qu'on essaie de se soustraire à certains devoirs qu'on a envers elle, en lui parlant d'amour, de sainteté et d'obéissance aveugle à une volonté de Dieu imaginée par quelques fanatiques. Nul ne peut placer l'homme au-dessus des obligations que sa fonction logique lui crée dans son contact avec la nature. La nature sensible est pour son esprit une forme de la loi de Dieu qu'il ne peut pas plus séparer de lui que l'effet de sa cause. Il s'ensuit que la conscience naturelle ne saurait isoler l'idée de science de celle de Dieu et elle avance, certaine de ne pouvoir être contredite par personne, que leur rapport intellectuel normal est représenté par la logique, envisagée comme le *moyen* qui permet à l'homme de ramener la variété des éléments de la nature au type cardinal de leur principe. Chercher à détourner la conscience du moyen que Dieu a placé en elle afin qu'elle puisse le connaître serait absurde dans l'ordre scientifique, et, en religion, une vraie immoralité. La conscience n'autorise pas du tout la religion à faire d'elle un rapport *proprement religieux* avec la personne de Dieu, ni avec la volonté de Dieu, lorsqu'elle n'est formulée que par l'aveuglement. La science et la religion doivent *produire la lumière* sous deux aspects différents qui sont appelés à se compléter pour constituer la *vérité universelle*. La conscience exige impérieusement qu'on reconnaisse ses droits scientifiques et ceux-ci créent des devoirs à tous ceux qui lui parlent ou qui s'appuient sur elle pour conduire à Dieu. Lorsqu'on n'aime pas qu'on aborde la loi de Dieu avec des procédés logiques il est clair que c'est parce qu'on n'y trouve pas son compte, car le jour où l'on accepterait la souveraineté de la logique en matière religieuse, on serait obligé de se plier à *réviser sa foi* ce qui est une nécessité de la loi de progrès qui est loin de plaire à tout le monde. Les religions ont besoin de maintenir leurs petits-dieux d'église, mais la logique conduit au vrai Dieu de la nature et c'est celui-là qui fait peur aux esprits mesquins qui, au lieu de réfléchir, passent leur temps à accaparer la conscience des autres qui leur répond : *non possumus!*

Qu'est-ce que la loi logique ? Laissant de côté toute considération d'ordre psychologique pur et l'envisageant dans son acception la plus simple et la plus immédiatement perceptible, la logique est la manifestation du pouvoir qu'a l'esprit *d'organiser ses idées* dans de telles conditions que personne ne puisse les réfuter — ou de celui qu'a la conscience individuelle de formuler des principes de *sens commun* capables de s'imposer par leur propre force à la conscience collective. Constater la nécessité d'être logique et s'en faire une loi de rapport avec les autres, c'est reconnaître le premier de tous ses devoirs et formuler une de ces vérités contre lesquelles la conscience ne peut s'élever sans se montrer contradictoire avec elle-même, se condamner et se réduire à l'impuissance. La vérité se contrôle par elle-même ; elle n'est vraiment la vérité que lorsqu'elle peut soutenir son rôle contre tous, dans toutes ses conséquences et dans toutes les conditions de la vie.

La loi logique est le terrain commun de la science et de la religion qui ne peuvent entrer en contact utile que grâce à une philosophie logique, c'est-à-dire approuvée par la conscience. La logique oblige l'homme à créer des définitions et principes généraux inattaquables dont il est personnellement responsable et auxquels il doit rattacher toutes ses créations ou idées secondaires, sans jamais se montrer contradictoire avec lui-même ou inconséquent avec l'idée de base dont il fait sa règle de conduite et qu'il cherche à imposer aux autres. Il faut que sa pensée embrasse tout et que tous les éléments de cette pensée harmonisent entre eux de telle façon que personne ne puisse y relever un désaccord à la loi de contrôle absolu qui est la même pour tous et dont chacun trouve le secret dans sa conscience. Nos idées, de quelque espèce qu'elles soient, ont donc une loi d'ordre à satisfaire pour correspondre à celle de Dieu, selon la nature. N'est pas logique qui veut, cela va sans dire, car la création est difficile, mais chacun étant à même de reconnaître si les autres le sont, il est évident qu'il doit se soumettre *en principe* à la loi qu'il applique pour se protéger et dont il profite lorsqu'il critique la création intellectuelle de son prochain. Cette loi, d'où la volonté de l'un tire ses droits et devoirs, en face des autres, conduit tous les hommes malgré eux et malgré tous leurs égarements au même but. Quand la volonté lui résiste, en vue de soutenir certains intérêts personnels, la loi même de la conscience en fait une victime et l'empêche de conclure c'est-à-dire de se défendre au moyen d'un jeu régulier des idées. La conscience, a dit Vinet, n'est pas *nous* mais *contre nous*, ce qui est parfaitement exact au double point de vue logique et moral. Dans le premier cas elle n'a pas connaissance immédiate de son pouvoir, qui est passif ou latent, et ne fait que contrôler le travail de la raison, et dans le second elle l'affirme directement. Mais ses deux fonctions s'accordent toujours pour protéger la vérité selon Dieu contre l'abus du sentiment ou de la raison, tant dans l'ordre scientifique que religieux. La religion n'a pas le pouvoir de défendre une volonté de Dieu illogique, même en faisant appel au sens moral et l'idée de sainteté ne triomphera jamais sur celle de loi. Le matérialisme scientifique n'est qu'un enfantillage ; il est impuissant à créer une philosophie logique sans s'appuyer sur l'idée de Dieu et, sans philosophie morale aucune science générale n'est possible. Rien de plus facile que de lui prouver que l'idée de Dieu n'est pas une chimère et que tout savant fera bien d'en tenir compte dans sa manière de penser, s'il veut éviter qu'on le fasse passer *coram populo* pour un imbécile.

La conscience est la loi morale du *bien* au double point de vue intellectuel et moral. Dans l'ordre intellectuel où son action est plus successive, moins apparente, moins impérative elle ne comprend pas suffisamment son propre rôle, et dans l'ordre moral, elle l'exagère souvent parce que la raison ne sait pas la guider. La raison est le frein de la loi morale e la conscience celui de la raison. Où il n'y a plus de raison il n'y a plus de sens moral ; où la raison galope, sans se préoccuper de l'ordre moral, elle n'a plus de conscience. Le rapport moral de la raison à la conscience donne la loi logique. La conscience est le rapport vital de la loi morale à la loi logique, qui sont les deux fonctions complémentaires de son principe, dans le champ de l'idée ; l'une dirige les actes, l'autre contrôle les idées. Elles sont aussi inséparables de notre esprit que l'instinct et l'intelligence ; la vitalité de la conscience dépend de leur juste équilibre. La conscience s'éteint parfois relativement, mais jamais complètement puisqu'elle est une loi absolue. L'activité des idées, surtout dans la discussion, et le sentiment de la responsabilité la réveillent. La science aveugle, qui est une simple maladresse de raison, repousse l'instinct, tandis que la religion de parti-pris repousse l'intelligence parce qu'elle la trouve gênante pour ses intérêts. Elle lui substitue une foi abusivement conditionnée par les hommes dont elle cherche à faire, selon l'expression pittoresque de Vinet, « la conscience de la conscience de ses fidèles ». Telle est l'erreur fondamentale de conscience. Elle est en réalité une *erreur de raison*, car cette dernière a une tendance à marcher de l'avant sans observer avec assez d'attention la loi de conscience qui la domine. La déviation au principe normal d'équilibre intellectuel donne cette immense quantité d'idées fausses, dogmes, systèmes ou abus de tout genre qu'on appelle les *variations de la conscience*, en ayant toujours bien soin d'insinuer que la variation qu'on représente soi-même est, en réalité, le *principe normal* auquel doivent se subordonner toutes les autres données de la pensée. Et la religion procède à ce point de vue comme la science. On veut bien appeler la conscience *une, universelle et infaillible*, mais à la condition que la doctrine qu'on enseigne soit identifiée avec cette loi de conscience qu'il s'agit d'imposer à tout le monde. Il n'y a pas de fou qui ne cherche à faire passer sa folie pour la vérité, lorsqu'il est encore en état de combiner quelques idées. C'est l'ancienne manière de l'égoïsme dogmatique qui s'est toujours basé sur la notion de charité pour faire croire au petit peuple qu'il est la vérité par excellence.

La conscience ne varie pas, si ce n'est en

degrés d'élévation dans l'espèce. Elle est *une* comme loi et la même pour tous.

S'il n'en était pas ainsi il serait impossible de parvenir à l'unification des idées, on ne pourrait jamais entamer ou faire fusionner les convictions. Ce phénomène ne peut se réaliser que parce que toutes les intelligences ont un même point de repère absolu et qu'elles doivent y revenir malgré elles — parce qu'une infaillibilité supérieure peut s'imposer à une infaillibilité inférieure, connaissant sa loi — parce qu'un être inférieur peut juger un être supérieur et le conditionner par les idées qui lui sont propres, lorsqu'elles sont vraies. La conscience trace le devoir et enraie l'abus, en sa qualité de contrôleur passif et absolu de l'immense variété d'idées que la raison, loi créatrice, soumet à son appréciation. La raison est le principe actif et relatif de l'esprit qui varie à cause de l'infériorité de son pouvoir en présence des problèmes que la nature absolue de notre esprit l'oblige de se poser. Elle tâtonne et ne peut conclure que grâce à une succession d'essais relatifs qu'elle prend trop aisément pour la vérité, parce qu'elle ne sait pas voir plus loin, comme un artiste croit sans trop de peine à la beauté de son œuvre. Elle a le devoir de créer toujours, pour s'émanciper de l'état borné où elle se trouve, et le droit incontestable de créer comme elle veut. Elle est *libre* d'organiser ses idées selon son bon plaisir, ce qu'elle fait en se montrant le plus souvent illogique. Raisonner, chacun le sait, ne signifie pas toujours être logique. De là la fausse science et la fausse foi qui ne peuvent s'accorder, cela va sans dire, et sont les plus irréconciliables ennemies. L'impuissance effective de la raison, qui aspire à vaincre partout quand même, la pousse à s'imposer par des moyens incorrects et c'est ainsi que la science se montre aussi absurde en face des lois de la nature, qu'elle ne connaît pas, que la religion en face de la loi de Dieu que la conscience l'oblige à constituer. Elles se combattent donc en aveugles, contradictoirement avec les enseignements de la conscience qui *veut* que ces deux contraires d'un même principe indivisible soient aussi intimement unis que la morale et la logique, les deux moyens que nous avons pour les épurer et les conduire à l'unité.

La loi de Dieu commande la conscience,

c'est pour cela qu'elle y est vivante. La conscience commande la raison qui organise les idées, mais ne peut les organiser ni contre Dieu, ni en faveur d'un Dieu qui ne serait pas celui de la conscience collective. En fait, toutes les idées convergent à la conscience, sans s'en douter, et toutes les consciences convergent vers Dieu, bien qu'une certaine partie d'entre elles le nient, ce qui est un effet normal de la liberté dont jouit la raison qui, *en principe*, ne pourrait rien créer si elle n'était pas libre. Elle est obligée de se tromper pendant quelque temps pour parvenir à comprendre. On peut d'ailleurs appeler à l'ordre les égarés lorsqu'on connait leur loi et que l'on sait positivement ce que leur esprit *peut ou ne peut pas* faire. On écraserait sans peine un athée avec cette vérité, en lui prouvant que lorsqu'on sait faire usage de la raison en psychologue, on n'a rien à craindre de ceux qui parlent de la science, sans savoir en quoi elle consiste.

L'idée de Dieu ne peut prendre la forme normale de la *vérité*, pour la conscience, qu'à la condition d'être logique. Un Dieu illogique est nécessairement incompréhensible. Tout ce qui est logique est d'ailleurs aussi scientifique que moral, parce qu'une fonction absolue de la conscience ne peut ni exclure l'autre ni la contredire. Ces deux effets de l'esprit, la logique et la morale, doivent s'accorder pour constituer l'unité harmonique d'un même principe. La vraie loi de l'homme intellectuel est un rapport fonctionnel de la liberté *relative* de la raison au déterminisme *absolu* de la conscience.

Fatalisme et liberté.

L'ensemble des faits qui précède n'a pas été assez nettement aperçu par M. Choisy, dont la pensée, après avoir posé la *souveraineté de la conscience*, comme loi de devoir, en principe, s'est immédiatement portée dans la direction des ennemis de l'Évangile, c'est-à-dire d'un *certain* Évangile organisé sur la foi de l'église qu'il représente, et avec laquelle il s'identifie, sans paraître se douter que ses dogmes ne visent à rien moins *qu'à se substituer à l'autorité de la conscience*. C'est là une imprudence dont sa conscience personnelle doit répondre. M. Choisy place volontiers le préjugé chez les autres, il le leur reproche même avec amertume, mais il ne songe guère à se demander si cette source d'erreurs n'aurait pas aussi établi domicile en sa propre maison ? Cela rappelle l'histoire de la paille et de la poutre, dont on consent plus volontiers à rendre l'esprit sensible aux autres qu'à se l'appliquer. Ne serait-elle vraie que dans l'ordre moral et non dans l'ordre intellectuel ? Peut-on reprocher le préjugé à son voisin sans se croire obligé de l'observer en soi-même ?

Voici comment M. Choisy s'exprime à l'égard de ses adversaires :

« Toutes les incrédulités, descendant comme autant de ruisseaux, des sommités du préjugé, de la tradition ou de la demi-science, vont se jeter dans le lit commun du fatalisme. A les entendre, ou il n'y a point de Dieu, ou Dieu est tout, c'est-à-dire rien, ou Dieu n'est qu'un Dieu mort, un Dieu captif de la nature et de ses lois. Tout arrive, parce qu'il *faut* que cela arrive ; tout ce qui existe a sa raison d'être et se justifie par le seul fait qu'il existe. Voici en quelques articles le catéchisme de l'incrédulité. » (¹⁵) Et, après avoir sévèrement condamné les théoriciens du *fatalisme*, M. Choisy termine en disant : « En me révélant, en me notifiant ma responsabilité, la conscience m'affranchit à jamais de l'étreinte de fer du fatalisme ; *elle me signifie mon droit et mon devoir d'être l'artisan de ma propre destinée.* » (¹⁷)

Ce sont là, ainsi que nous le verrons plus loin, des paroles bien imprudentes et basées sur la plus fâcheuse confusion psychologique que puisse faire un moraliste.

Demandons-nous d'abord sur quoi reposent les variations de la conscience, si ce n'est sur le préjugé, qui est toujours le produit d'une raison téméraire ou paresseuse? Les fausses croyances ne descendent-elles pas aussi bien des sommités du préjugé, de la tradition et de la *demi-religion*, que l'incrédulité des *a priori* et de la demi-science? La fausse croyance a-t-elle le droit de condamner l'incrédulité de si haut? La seconde n'est-elle pas la plupart du temps un effet de la première qu'on repousse, parce qu'elle cherche à s'imposer abusivement? Et à quoi servent le jugement et le sens moral si ce n'est à analyser chez vous ce que vous critiquez chez les autres : *l'aveuglement?* Quelle différence y a-t-il entre un faux Dieu philosophique ou religieux, au point de vue de la conscience ? Lorsqu'on a appelé celle-ci la loi du Dieu vivant, pensez-vous qu'elle admettra sans résistance qu'on l'abaisse jusqu'à lui faire subir le joug d'un Dieu mort et incompréhensible, complètement estropié par les hommes et ayant besoin de leurs béquilles ? La conscience naturelle forte de sa vitalité ne veut pas qu'on la fasse Juive, Catholique, ou Protestante orthodoxe, elle demande, elle exige même, car c'est son droit, qu'on lui présente la *vérité* en bonne forme et capable de s'affirmer comme telle par elle-même. Alors elle comprendra que cette vérité n'émane pas du préjugé, elle en fera son profit et vous répondra que toute vérité est de Dieu ou conduit à Dieu, tel qu'il le lui faut pour pouvoir en alimenter son esprit pour en vivre et pour progresser. Les Dieux morts sont ceux qui ne progressent plus parce qu'ils sont inconciliables avec la conscience. Il faut les changer, car la logique ne peut les défendre et son devoir naturel est de combattre ceux qui les soutiennent encore par routine, habitude ou esprit de secte.

Que M. Choisy ait l'obligeance de nous donner la définition de ce qu'il entend par son

Dieu et de préciser les données de base de sa foi, afin qu'on sache à quoi s'en tenir au sujet de ce qu'il voudrait faire accepter par l'incrédulité ? Si cette formule ne paraît pas satisfaisante on lui dira à quel point de vue elle pèche, afin qu'il s'explique mieux et, au besoin, on lui en opposera une autre. On parviendra peut-être alors à savoir comment il faut entendre l'idée de Dieu, pour qu'elle puisse satisfaire tout le monde, et quels sont les juges qui interprètent le mieux l'idée du progrès, la loi du bien et celle de la vie dont on ne peut la séparer. Commençons par mettre l'opinion publique en présence d'idées claires, précises, évitant toute ambiguïté et qu'on saura rendre aussi acceptables par la science que par la religion. Si vous êtes capable de les produire, prouvez-le, sinon, on ne comprendra pas en vertu de quoi vous vous plaindriez avec tant d'autorité de ceux qui cherchent la vérité à côté de vous ? En attendant, ce qui est certain, c'est que chacun est responsable des définitions qu'il donne de Dieu et qu'il cherche à imposer à la foule. La liberté qu'il a de les créer comme bon lui semble n'implique pas le droit de donner son Dieu de fantaisie pour le vrai

Dieu que la conscience exige qu'on sache faire accepter à tous. Il ne peut y avoir qu'un seul Dieu, il nous oblige à chercher sa loi, et c'est celui qui saura le mieux le définir qui s'en rapprochera le plus. Il y a là un problème sur lequel chacun doit exercer ses forces et que nul ne résoudra en se contentant d'affirmer aux peuples qu'il est le seul vrai représentant de la volonté de Dieu. La fausse croyance n'est qu'une forme de l'incrédulité et la foi une forme relative de la croyance en l'absolu qui est *fatalement* prédestinée à se modifier sans cesse.

Disons, pour le moment, que chacun recevant de sa conscience le même ordre que M. Choisy : *celui d'être l'artisan de sa propre destinée*, se trouve par cela même dans une situation identique à la sienne, quoique raisonnant à un point de vue différent. Il est donc nécessaire de rechercher ce qu'on doit faire pour être l'artisan de sa propre destinée *selon la loi de Dieu*, car bien des gens peuvent se tromper dans leurs vues. La destinée absolue de l'un ne saurait d'ailleurs être différente de celle d'une autre car, dans ce cas, la conscience ne serait plus *une*, elle perdrait son infaillibilité, on ne pourrait plus s'en rapporter à elle pour unifier les opinions. Elle porte donc la loi de sa destinée en elle-même. Mais il y a, dans la multitude, des gens très sincères qui sont dans l'erreur, et, pour être l'artisan de sa destinée selon la conscience, le principal est d'observer qu'on n'est pas seul en ce monde, mais l'élément relatif d'une collectivité qui vous crée des devoirs et au milieu de laquelle, lors même qu'on s'appelle religion, on peut faire fausse route comme tant d'autres.

Sur quoi M. Choisy se basera-t-il pour affirmer qu'il est dans le bon chemin et que ce sont les autres qui en dévient? Se reconnaîtrait-il des droits spéciaux à l'infaillibilité? Saura-t-il établir qu'il ne fait pas comme ceux qu'il critique et condamne avec tant d'indignation parce qu'ils croient au fatalisme avec non moins de loyauté qu'il croit, lui, à la doctrine de la grâce, sans prendre la peine d'exposer ses motifs? Pourquoi leur dit-il qu'ils n'y croient que *parce qu'il y va de leur intérêt de pécheurs et parce qu'il les console de leur dégradation ?* Est-ce bien là le langage de la charité chrétienne, en présence de gens qui se trompent ? Que dirait M. Choisy si ces adversaires lui répliquaient qu'il ne croit lui-même à la doctrine de la grâce que parce qu'il y va de son intérêt de pécheur et parce qu'elle le console de sa dégradation ? Pourrait-il se défendre contre cet argument dont la réfutation l'obligerait à donner une forme intellectuelle à ses principes et qui, à défaut, le placerait hors de cause dans les questions d'intérêt social ? Osera-t-il faire une doctrine religieuse de cette croyance et sera-t-il en état de la soutenir victorieusement en présence de bien des personnes qui ne seraient peut-être pas embarrassées de lui répondre ? Cette formule qu'il adresse à ceux qu'il envisage comme des ennemis, pour les mettre à l'index des honnêtes gens, n'est-elle pas d'ailleurs textuellement celle de la *rédemption ?* Où est l'homme, dit-il, à qui sa conscience ne tienne le langage de la vérité et ne dise : « *Insensé et aveugle, c'est à l'usage du péché que tu t'es forgé le fatalisme !* ? » ([22])

Cet homme se présente à vous en ce moment et il vient vous demander raison de ces paroles, au nom de la *loi du bien,* ou celle de la conscience, que vos préjugés vous font méconnaître. La conscience a le pouvoir de définir et de préciser pourquoi l'on est insensé et aveugle et elle vous prie de bien vouloir le faire autrement qu'en vous bornant à l'affirmer, puis de nous dire si ce n'est pas *à l'usage du péché que vous avez forgé la doctrine du salut ?* Alors pourquoi vous plaignez-vous des autres lorsqu'ils procèdent comme vous-même ? La raison vous dit : *Votre* vérité n'est pas la *mienne* et elle ne peut le devenir, or il faut que la vérité *soit de tous.* Votre conscience vous ordonne de vous conformer à la nécessité qu'impose cette définition, vous en êtes responsable. Arrangez-vous comme vous voudrez, mais vous ne serez l'avocat de la vraie loi de Dieu que lorsque vous aurez satisfait cette condition, c'est *fatal.* Et ce fatalisme n'est pas forgé à l'usage du péché ou de l'intérêt personnel, bien au contraire, car il est la voix même de la conscience qui en est le juge. Vous pouvez vous consoler de votre dégradation avec l'idée du salut, si cela vous fait plaisir, c'est là une question *d'intérêt personnel* qui vous regarde. Mais il y a des gens qui comprennent que la conscience domine par son essence même la notion du mal et qu'elle doit placer l'idée de justice au-dessus de celle de grâce, lorsqu'elle discute les intérêts de l'humanité. Or nul ne peut se dispenser de *traiter* avec eux. Les mettre au pilori de votre jugement parce qu'ils ne pensent pas comme vous n'est pas aborder la loi de Dieu comme elle doit l'être. Ces gens ne reconnaissent aucune autre autorité absolue que celle de la conscience, dans laquelle s'affirme la notion de Dieu, et, comme ils ont l'avantage sur vous de pouvoir se montrer toujours logiques avec ce principe, ils sont aussi en mesure de vous l'imposer sans que vous puissiez vous en défendre. Vous êtes d'ailleurs parfaitement *libre* d'en faire l'expérience. Du moment où vous aurez reconnu la nécessité de *traiter* avec ceux qui n'épousent pas vos vues, votre *foi* particulière sera entamée, et si vous ne reconnaissez pas cette nécessité, vous êtes perdu devant la raison publique car il vous sera impossible de soutenir cette foi. Celui qui saura faire un usage normal de la conscience, fera de la vôtre ce qu'il voudra... c'est *fatal*, parce que la loi de conscience est *une :* celle de Dieu, qu'on est tenu d'observer et devant laquelle la raison doit se soumettre. Elle exige d'ailleurs qu'on l'attaque de face, *avec des idées*, et non faussement par derrière avec des effets de *sentiment*... c'est fatal.

Tâchons maintenant d'éclaircir la situation. Pourquoi l'homme travaille-t-il parfois à se démontrer à lui-même qu'il n'est pas libre et se fonde-t-il en d'autres cas sur l'idée de liberté pour affirmer les droits de la conscience ? Pourquoi les avocats de ces deux principes contraires ne peuvent-ils parvenir à se convaincre réciproquement ? C'est qu'ils sont, aussi bien les uns que les autres, encore dans la période du tâtonnement et des recherches, et qu'ils n'en parlent pas moins comme s'ils avaient trouvé la vérité absolue. Ils se montrent aussi absurdes à droite qu'à gauche en faisant preuve d'absolutisme avant d'avoir découvert ce que leur devoir est de chercher. Ne connaissant pas la loi de l'homme et ayant, malgré cela, la prétention de l'imposer à leurs adversaires au nom de la science ou de la volonté de Dieu, sous le regard d'une conscience qui ne peut pas les approuver, ils se transforment partout en victimes de leurs propres idées et le résultat de l'opération est un chapelet d'inconséquences. On assiste ainsi au combat homérique de la fausse foi et de la fausse science qui reste toujours sans issue.

La vérité est cependant d'une simplicité élémentaire, donc à la portée de tous. Elle est d'ordre psychologique et basée sur les faits qu'il suffit de savoir observer, donc vérifiable. Nous sommes à la fois libres et nous ne le sommes pas, étant tous régis par une *fatalité* devant laquelle notre *liberté* est prédestinée à plier, par la nature même des choses. Notre liberté, en effet n'est que *relative* et doit se soumettre, ce qui est un fait d'expérience quotidienne, à une certaine limite d'effort variant avec chaque individu et en raison de son degré d'élévation, en présence de la *loi absolue* qui la domine : celle du devoir. Qui dit loi dit nécessairement fatalité, puisque nous ne pouvons pas comprendre autrement la valeur de ce mot qui n'exclut pas l'idée d'ordre et la confirme même. Absurdes sont ceux qui parlent de fatalité au nom de la science, sans savoir la définir ou formuler aucune loi, et opposent ce mot à la notion de liberté qui est un fait sans lequel nous ne pourrions rien créer. Absurdes sont encore ceux qui parlent de liberté en religion, pour s'en faire une arme contre le fatalisme et qui en renient le principe devant l'Evangile de leur conscience personnelle, ou l'ensemble de dogmes qu'il implique. Le dogme est en effet la négation du progrès dans la création intellectuelle. On prône la *liberté d'examen* puis on vous empêche d'examiner la valeur réelle d'une certaine volonté de Dieu révélée derrière laquelle tous les ignorants peuvent se mettre à l'abri en opposant glorieusement à tous leur aveuglement qu'ils appellent lumière. Opposer au fatalisme une volonté de Dieu qu'on n'a pas le droit de discuter est, il faut en convenir, une singulière manière de défendre le principe de *liberté*. Montrez-vous d'abord conséquent avec vous-même si vous voulez avoir de l'influence sur les autres. La liberté ne doit pas s'éteindre devant tel Evangile mais devant la conscience qui régit nos idées et les arrête lorsqu'elles tombent dans l'abus.

La liberté est un principe *intellecto-expérimental* et le fatalisme ne relève que de la *conception* qui est obligée, par sa nature même, de créer l'idée de loi. Formuler la loi n'est pas facile, mais nous avons le devoir de le faire car toutes les tendances de notre esprit nous y poussent. Prôner l'idée de loi contre nous-mêmes, lorsqu'on ne sait pas la définir, c'est s'appuyer sur un instinct naturel de notre esprit pour masquer sa propre ignorance. La science fonde ses idées sur la notion de loi, bien qu'elle ne puisse encore formuler aucune loi, si ce n'est dans une mesure tout-à-fait relative et absolument insignifiante au point de vue des besoins de notre intelligence d'où émane cette idée. Elle procède donc dans son domaine comme la religion dans le sien avec la notion d'amour, dont elle fait usage pour cacher la nullité de ses connaissances, tandis qu'elle se hâterait de lui substituer les effets de sa force intellectuelle pour constituer une doctrine morale, si elle avait le pouvoir de le faire. Loi d'un côté, amour de l'autre, sont assurément les deux plus belles choses de la création, mais en même temps le cache-misère de la raison. La loi doit se chercher et l'amour se prouver ou s'inspirer et non se commander, tel est le langage de la conscience naturelle. Elle n'aime pas qu'on se vante des choses sans les avoir, ni qu'on se fonde abusivement sur ce qu'elle reconnaît être le bien pour en faire de la réclame en faveur du préjugé. Au-dessus de l'amour elle place *l'honnêteté*, parce qu'elle y voit une morale qui atteint à la fois le sentiment et l'intelligence, la seule qui puisse s'appliquer indistinctement à la religion et à la science. Elle est le *moyen* qui, bien observé, doit conduire à l'amour normal par la connaissance de la loi. Une religion sachant prouver qu'elle est honnête vaut mieux que celle qui se fonde sur l'idée d'amour pour échapper par des chemins irréguliers aux devoirs que la conscience lui impose.

La science et la religion pourront comparer et exercer leurs forces sur ces idées. Leur rôle commun est de rechercher la loi, ce que nous ne serions pas en état de faire si nous n'avions le sens inné de la nécessité, de l'obligation, en un mot du fatalisme qui s'oppose au principe de liberté, non pour lui nuire mais pour l'aider dans son œuvre et le soutenir dans sa faiblesse. Nous ne pouvons concevoir la vie sans liberté, parce qu'il ne nous serait pas possible d'agir, ou, je le répète, de définir un pouvoir créateur, sans l'attribut qui lui permet de s'exercer. Et nous sommes des pouvoirs créateurs, cela est un fait. Nous ne saurions d'ailleurs interpréter la vie que comme une harmonie de pouvoirs individuels, tous régis par la même loi d'action et de liberté dans le fatalisme du bien, loi unique, qui détermine leur équilibre ainsi que les limites dans lesquelles le pouvoir de chacun peut s'exercer. La fonction même de nos idées est régie par ce principe et c'est ce qui en fait une loi absolue. Notre pensée se rattache à deux éléments fondamentaux de l'unité psychique, dans laquelle ils sont inséparables, ne peuvent se confondre, et marchent toujours d'accord à la longue : l'un, la *raison* qui est l'emblème de la relativité et de la liberté individuelle et l'autre la *conscience* qui est celui du devoir ou de la loi absolue, donc du fatalisme, contre lequel la raison ne peut lutter car, si elle organise ou formule les idées c'est la conscience qui les contrôle et les ramène toutes *per fas et nefas* au principe du bien, selon la volonté de Dieu, loi des lois, loi unique !

Il me serait aisé de développer cette théorie, mais je ne vois pas la nécessité de le faire dans un travail qui, comme celui-ci, ne doit servir que de point de repère pour la pensée. Je me borne donc à faire remarquer qu'elle est basée sur des faits que chacun est à même d'observer et d'étudier en vue de l'amplifier. Ce que je viens de dire suffira toutefois à faire entrevoir le caractère de l'erreur qu'a commise M. Choisy en attaquant avec mépris le fatalisme *scientifique*, qui est purement idéal et fantaisiste, et laissant échapper le fatalisme *moral*, celui de la conscience qui est un fait et le principe des principes. Le premier peut à peine prendre le nom d'hypothèse, tandis que le second est la pierre angulaire de tout édifice religieux, la loi cardinale au moyen de laquelle on révolutionnera la science, en apprenant aux savants à lire la nature. N'est-ce pas là courir après l'ombre et lâcher la proie?

Ramener le fatalisme objectif au fatalisme subjectif, puis collectif, prouver que nos idées *qui créent des lois* sont régies elles-mêmes par une loi à laquelle elles ne peuvent échapper, établir enfin qu'elles ne pourront découvrir les lois générales qu'après avoir pris conscience de la leur, voilà ce que M. Choisy aurait dû faire au lieu de s'affaiblir en combattant le fatalisme avant d'avoir suffisamment réfléchi. Dans ces conditions il devenait le maître de l'intelligence de ses adversaires qu'il obligeait à contrôler le bien-fondé de son dire. Celui qui se connaît bien, connaît les autres et peut les forcer à faire comme lui, ou à épouser ses idées sous peine de se voir anéanti. Nier le fatalisme est un effet de raison imprudente se détachant du principe de conscience comme un satellite de son centre d'attraction. Cela équivaut à nier Dieu et conduit à proclamer absolue une loi qui n'est pas la sienne, mais une invention humaine. C'est en réalité ce qu'a fait M. Choisy, dans son ardent désir de défendre ce qui ne peut l'être et en perdant de vue le principal : la *conscience!* loi fatale qu'il a confondue avec la *raison* loi de liberté qui s'est toujours montrée impuissante à défendre le vrai Dieu lorsqu'elle ne prenait pas un point d'appui conscient sur la conscience.

De ce point d'appui M. Choisy n'en a fait qu'une *image!* C'est donc avec un ensemble d'éléments relatifs qu'il a essayé de prouver la volonté absolue de Dieu. Il n'a pas pu faire et ne pourra jamais le faire dans ces conditions, cela est de première évidence.

Afin qu'on ne se méprenne pas sur l'état de pensée de M. Choisy, je citerai de lui trois idées générales qui donnent une couleur particulière à toutes ses vues. Comme je les recueille dans un compte rendu de ses récentes conférences, je dois lui en attribuer la paternité avec celui qui les a relevées. Elles n'ont d'ailleurs pas été contredites, que je sache.

1° *La raison nous a été donnée pour résister à la logique !*[1] On saisit la portée de cette proposition qui inverse les rôles du relatif et de l'absolu dans notre intelligence. Je lui oppose : *le devoir de la raison est d'être logique,* ce qui l'oblige à consulter sa conscience à tenir compte de son rôle individuel au milieu des autres, et à accepter toutes les conséquences que lui impose le fatalisme de la loi qui la régit.

2° *Périsse la conscience pourvu que l'amour demeure !*[2] Ce précepte religieux se rattache aux idées qui précèdent et je lui répond : L'amour sans conscience n'est que de l'égoïsme, c'est-à-dire une monstruosité dans l'ordre moral, un retour à la barbarie, l'instinct animal fait loi par l'intelligence. Une religion ne sera jamais honnête avec de pareils principes. On n'aime que ce qu'on ne peut faire autrement

---

[1] *Évangile et Liberté*, numéro du 25 janvier 1889.
[2] *Évangile et Liberté*, numéro du 8 février 1889.

que d'aimer ; *on ne doit faire aimer que ce qui est conciliable avec la conscience.*

3° *Pour nous, nous croyons à l'Evangile qui est la lumière centrale projetant la clarté dans tous les domaines* [1]. On ne doit croire à l'Evangile qu'avec *justice* et *discernement.* Il n'y a d'ailleurs qu'un seul pouvoir, une seule lumière centrale, capable de projeter la clarté dans tous les domaines, c'est la *conscience,* loi de Dieu. Et vous pensez qu'on peut remplacer ceci par cela ? Essayez ! Inspirez-vous de l'Evangile, je m'inspirerai de la conscience puis nous échangerons nos idées. L'Evangile et la conscience feront ainsi leurs preuves contradictoires devant l'opinion publique, ce qui vaudra beaucoup mieux que de se borner à faire leur apologie. On passera de la théorie à la pratique. La lumière se prouve en éclairant, comme la vérité. On conviendra j'espère que ce n'est pas à ceux qui ne savent pas produire la lumière qu'il appartient de faire acte d'autorité avec la source d'où ils croient tirer leur pouvoir de créer des idées, et de la placer au-dessus de celle où tant d'autres s'inspirent.

[1] *Evangile et Liberté,* numéro du 22 février 1889.

On peut avoir la foi, sans accepter la formule de celle des autres. Sur quoi vous baserez-vous pour établir que votre foi est plus lumineuse que celle de votre prochain, sera-ce sur l'Evangile ? Alors faites-le parler et tâchez d'établir que l'amour, la charité, la justice, la foi, l'idée de Dieu et l'intelligence, le sens du devoir et du devenir, ne sont pas des propriétés de l'esprit de l'homme et que c'est *votre* Evangile qui nous les apporte, car quant à celui de Jésus-Christ qui est le *mien*, vous me permettrez de vous dire que je l'interprète tout différemment que vous. Je crois pouvoir vous affirmer que ce que j'en retirerai de bon pour la conscience, personne ne pourra le détruire, parce que j'agirai avec précaution, afin de ne pas compromettre la saine idée qu'on doit se faire de Dieu.

M. Choisy a donc essayé de défendre les choses qui se rattachent à l'idée de Dieu avec la *liberté*, un effet de raison qu'il a cherché à ériger en principe *absolu* puis il a tâché de subordonner la conscience, qu'il déclarait libre, à l'Evangile transformé en autre principe *absolu* extérieur à la conscience. Il ne lui sera pas difficile de constater l'inextricable confusion dans laquelle il s'est engagé avec un pareil ordre d'idées, car il ne pourra rien tirer de deux principes absolus, créés arbitrairement, là où il n'en faut qu'un et le vrai, celui qu'il n'a pas su observer. La difficulté qu'il éprouvera à se tirer d'embarras, au milieu du fouillis d'inconséquences qui en est résulté, lui prouvera assez que nos idées subissent *une loi d'ordre* impérative, dans laquelle se trouve la garantie de la religion contre la science aussi bien que celle de la science contre la religion. Il ne pourra donc se rectifier qu'en faisant retour à la vérité naturelle débarrassée de tout artifice de langage et en sachant en accepter courageusement toutes les conséquences logiques. Si Dieu le veut ainsi, l'homme ne peut le combattre. C'est le fatalisme absolu de la conscience se prouvant par l'exercice de la pensée, et finissant par s'imposer même à ceux qui, ayant intérêt à le violenter, s'appuyent comme des malheureux sur un Dieu qui leur répond : *cherchez-moi, car vous ne me connaissez pas encore!* Dieu est le rémunérateur de ceux qui le cherchent et non de ceux qui ont définitivement consacré sa volonté.

La conscience est *absolue*, mais l'Evangile

est *relatif* à celui qui le juge, comme tout ce qu'on apprécie, et la liberté de juger est limitée par la conscience. La liberté absolue est une utopie. Personne n'en peut donner la formule parce qu'elle est incompréhensible et contradictoire avec les faits, tant objectifs que subjectifs. Si la conscience était libre, on ne parviendrait jamais à donner à l'existence de Dieu une forme scientifique car les prémices de cette forme, que l'homme doit trouver, reposent entièrement sur le fait que la conscience ne peut pas faire autrement que de marcher dans une direction déterminée, vers un but. C'est ce que la raison doit lui faire reconnaître après avoir observé et reconnu son propre rôle dans sa loi. Quand la raison saura se mettre d'accord avec la conscience, elle ne se contentera plus de la religion basée sur l'idée « d'obéissance aveugle à la sainteté » mais par contre la science qui tentera de lui chercher noise sur la loi de Dieu sera bien à plaindre !

Tout est réciproque : la religion ne sera jamais le représentant de la vérité selon Dieu qu'en étant honnête et elle ne sera honnête qu'en sacrifiant tout, même l'Evangile s'il le faut, à la conscience. Ce n'est que dans ces conditions, qu'elle aura le droit d'exiger l'honnêteté scientifique. Toute science honnête conduit d'ailleurs à Dieu, puisque la science et la religion sont régies par la même conscience qui poursuit son but. Il n'y a que les folies de la raison qui l'en détournent.

M. Choisy aurait donc mieux fait de viser plus haut et de mettre en relief le fatalisme de la conscience plutôt que d'anathémiser celui de quelques pauvres diables de savants qui la nient et qui ne sauraient pas même définir ce qu'est la science, car, s'ils étaient en état de le faire, leur définition se retournerait contre eux. En opposant le fatalisme absolu de la conscience, qui est le foyer de la vérité et domine toutes nos idées, au fatalisme enfantin des gens qui ne savent pas seulement ce qu'est une loi, il eût été maître de la place. Il aurait eu la logique de son côté et il pouvait commander à la science, au lieu de lui fournir bénévolement des armes contre lui. Les savants ne parlent de fatalisme qu'en maladroits et parce que la loi de leur esprit les y oblige, leurs idées étant régies par une tendance qui les pousse à frapper à toutes les portes, à chercher toutes les issues pour échapper à la loi de Dieu, jusqu'à ce qu'ils finissent par se rendre à l'évidence, après une lutte qu'ils auraient pu abréger avec un peu plus d'intelligence.

Notre esprit ne conçoit les choses que par les rapports, tant dans les faits que dans les idées. Il ne comprend plus rien lorsqu'on cherche à tout ramener à une seule idée. Donc ceux qui se jettent exclusivement du côté du *fatalisme* ou de la *liberté* se trouvent dans l'impossibilité de conclure parce qu'ils se mettent en contradiction avec les faits ou avec la loi de nos idées. Mais celui qui cherche le principe d'harmonie dans le rapport de ces deux données contraires de notre esprit peut se faire comprendre et se montrer logique car il l'est avec la conscience qui dirige les idées. Celui qui est logique peut mettre la science et la religion d'accord avec les faits et avec l'idée de Dieu. Nul ne peut opposer l'expérience à la logique ou protester contre l'idée de Dieu, qui est une expérience subjective, sans s'exposer à ce que la raison lui fasse payer cher sa témérité. Si c'est pour faire preuve d'intelligence qu'il agit ainsi, le procédé est malheureux, car la raison lui prouvera sans peine qu'il ne sait pas ce qu'est l'intelligence et qu'on ne peut pas faire la loi à la conscience des autres, *lorsqu'on ne connaît pas celle de la sienne !*

La conscience et l'Evangile.

« La conscience ne saurait laisser miner son pouvoir, elle doit prévenir et combattre les perfides empiètements de l'erreur. Tout ce qui la blesse, en effaçant les frontières naturelles du bien et du mal, en disposant du bien et en autorisant le mal, en réprouvant celui qui fait bien et en approuvant celui qui fait mal, doit être hautement dénoncé par la conscience elle-même et convaincu d'irrémédiable fausseté : *Il y va de son empire!* On a beau la saluer des titres les plus pompeux, on a beau lui prodiguer les hommages ; *elle ne doit pas se laisser dépouiller des attributs de la royauté par des ennemis déguisés en courtisans.* » ([12])

En parlant ainsi M. Choisy a placé la conscience au-dessus de toute science et de toute religion. En proclamant son autorité pour dénoncer partout *l'erreur et la fausseté* il a formulé un principe qui ne se trouve pas dans l'Evangile mais qui doit servir de norme dans l'appréciation de l'Evangile. Il s'est isolé de toute tendance sentimentale individuelle et s'est placé sur un terrain neutre *intellectuel* qui oblige chacun à justifier ses croyances au moyen d'un langage compréhensible, c'est-à-dire de *sens commun*. Ce qu'on réclame des autres, on le leur doit. Ce n'est que sur le principe qu'on vient de lire que la conscience naturelle et la conscience religieuse pourront parvenir à s'entendre. Nous avons vu que la première, en se basant sur les faits qui constituent son existence ou la défendent, et, en dehors de toute opinion spéciale, affirme que la *loi morale* et la *loi logique* sont les seuls moyens qui peuvent conduire à la vraie loi de Dieu sans porter préjudice à personne. La conscience religieuse est-elle de cet avis? Dans ce cas, l'accord sera facile, mais s'il n'en était pas ainsi, ce qu'il importera surtout, ce sera de *discuter* les attributs et les moyens d'action ou la loi même de cette conscience qui ne doit pas se laisser dépouiller de sa royauté. Cette obligation passe avant toute autre considération car ce n'est que lorsque les intéressés seront tombés d'accord sur les fonctions naturelles de la loi souveraine de notre pensée qu'on pourra l'appliquer avec fruit dans l'examen d'un ordre d'idées quelconque.

Cela est d'autant plus nécessaire qu'on peut se demander où se trouvent les vrais courtisans de la conscience, ceux qui, s'appuyant sur elle, lui prodiguent les hommages en vue de la dépouiller des attributs de la royauté à leur profit ? On ne les rencontrera guère du côté de la science où l'on est plutôt porté à nier la conscience ou à la mépriser, parce qu'elle vous gêne, qu'à l'encenser. Les philosophes ne la flattent pas, ils se bornent à l'observer, la plupart du temps sans y rien comprendre. La dernière mode philosophique ne tend-elle pas à l'appeler *l'inconnaissable ?* Il me semble donc que c'est surtout du côté de la religion qu'on rencontre les vrais courtisans de la conscience, dont ils ne reconnaissent que le *devoir moral* qu'elle a de se subordonner à leurs idées, en ayant bien soin d'oublier son *devoir intellectuel* qui pourrait être dangereux pour leurs intérêts. On voit par conséquent la filiation qu'il y a entre une correcte étude psychologique et la religion. La psychologie est le défenseur normal des droits de la conscience, tandis que la religion songe plutôt, elle aura de la peine à le nier, à humilier sa royauté devant des dogmes. Aussi la conscience naturelle lui répond-elle : *Pardon, il y va de mon empire !* Et avant de laisser miner complètement mon pouvoir, je vous conseille de l'étudier, cela vous sera utile. Vous y trouverez une force dont vous ne vous doutiez pas et avec laquelle il sera prudent de savoir faire vos comptes, si vous voulez qu'elle reconnaisse votre droit de vivre.

La loi logique implique l'obligation de ne pas se borner à se confondre en admiration devant une volonté du Dieu saint révélée par certains hommes, mais d'apporter des *créations inédites* au contrôle de la conscience. Sa loi de base en effet n'est pas l'inertie contemplative mais le *progrès dans l'idée*, à cause de ses attaches avec la raison. C'est dans cet exercice que la religion doit montrer ce qu'elle vaut et quelle est sa puissance ? La conscience n'a pas été faite pour les religions, mais la religion pour la conscience qui en fut, et en sera toujours la châtelaine, en sa qualité de loi vivante de Dieu qu'aucun abus ne parviendra à corrompre ou à détrôner. Vous ne lui enlèverez pas sa couronne, qui porte le double fleuron de la *science*, et du *devenir* auquel elle entend qu'on donne une interprétation scientifique. Elle ne doit pas la céder, même devant le Christ dont elle peut dépasser l'enseignement de par la volonté de Dieu qu'elle est en état de transformer en ordre de conscience collective.

Après la déclaration formelle qu'on a lue plus haut, on ne doutera plus que M. Choisy ait posé la souveraineté de la conscience en principe, ce qui le lie lui-même aux yeux de tout le monde. C'est donc sur cette base juste qu'il doit désormais traiter avec ses adversaires. Lorsqu'on a fait de la conscience le contrôleur de toutes les idées on ne peut plus revenir en arrière, et ce principe reste sous la sauvegarde de la loi morale, c'est-à-dire de l'honnêteté. « *Que votre oui soit oui et votre non soit non !* » Il n'y a plus moyen de faire le jeu de bascule ou de reconnaître l'autorité de la conscience quand cela vous plaît et de la contester quand cela vous fait plaisir. La conscience n'admettra jamais que ceux qui ont débuté en en faisant une loi *absolue* s'emploient ensuite à lui insinuer qu'elle est une loi *relative* appelée à se soumettre devant ce qui ne peut s'imposer à elle par la force de la vérité. Elle n'acceptera pas ce langage trompeur qui tourne les difficultés en disant qu'il y a une « *conscience de la conscience* » dans le monde, afin de pouvoir en tirer une série de conséquences non moins malhonnêtes que leur point de départ.

Lorsqu'on a fait de la conscience une loi absolue, il n'y a plus de loi chrétienne, dominant la conscience parce qu'elle émane de Dieu ; il y a seulement *la conscience* jugeant la loi chrétienne au même titre que tant d'autres et se faisant un devoir de ne la défendre qu'au moyen d'idées de *sens commun*. Si la loi chrétienne ne sait pas rentrer dans la loi normale par des voies régulières, ou s'imposer à la conscience par un enchaînement d'idées qu'elle sache lui faire accepter, cela prouve qu'elle ne contient pas la *lumière* qu'on lui prête. Elle apprendra à ses dépens qu'on ne soutient plus une religion à force d'assertions gratuites et d'exclamations passionnées sur les mérites de sa foi, mais qu'il faut encore qu'elle soit logique pour avoir des titres à s'appeler la vraie religion selon Dieu. Tant que le christianisme continuera à développer sa bannière d'*amour*, sans se soucier d'être logique, il prouvera qu'il est impuissant en principe, qu'il ne représente que les vues d'*une* religion mais non pas *la* religion dans le seul sens que la conscience naturelle puisse accorder à ce mot : *La loi de Dieu mise à la portée de tous, rendue compréhensible et utile pour tous, dans une forme qui puisse s'imposer à tous.* Personne n'osera soutenir que ce ne soit pas là la forme de la volonté de Dieu qui s'impose à toute religion et la base essentielle de la loi morale dont le principe est dans la conscience.

La vraie science, en matière religieuse, pour atteindre ce résultat, est d'une simplicité élémentaire : 1° Avoir une foi progressive et assez robuste pour ne pas dépendre d'une formule conventionnelle. Il faut que la foi, comme la raison, cherche sans cesse le *nouveau*. La foi étant une forme conceptive de la tendance à l'absolu de notre conscience en est aussi inséparable que l'effet de sa cause, mais elle doit évolutionner en rapport avec les progrès de notre intelligence. 2° Admettre sans réserve l'autorité de la conscience, en se disant que la vérité naturelle doit surgir de son pouvoir, pour le bien de tous, par le chemin de la discussion. 3° Ne jamais prendre base sur les données de la conscience morale *instinctive* pour imposer des préjugés à la conscience *intellectuelle*. 4° Ne jamais se montrer contradictoire avec soi-même.

Pourquoi telle religion aurait-elle une règle de conscience religieuse différente que telle autre ; celle qui précède ne suffirait-elle pas ? Exclut-elle ce qu'on doit aux besoins du sentiment qui ne peuvent se supposer contradictoires avec ceux de l'intelligence ? Voyez où sont entraînés les esprits qui y dérogent : M. Choisy a voulu imposer *sa* religion, à la conscience au lieu de s'appliquer à introduire la loi de la conscience dans sa religion ce qui l'a mis hors d'état de la défendre. Sa double sincérité *naturelle* envers la conscience, et *conventionnelle* quant à sa foi d'église, n'a pu fournir aucune vérité sans se montrer inconséquente. C'est que la vérité même est conditionnée par la conscience et que la raison sera toujours impuissante à créer la lumière tant qu'elle cherchera à dominer la conscience au lieu de s'en inspirer. Une foi conventionnelle est œuvre de raison. La foi naturelle est œuvre de conscience agissant sur la raison. Jamais la foi conventionnelle ne triomphera de la foi *naturelle*, pas plus que la science de l'idée de Dieu.

Ma volonté, dit M. Choisy, *peut faire triompher ma conscience !* ([88]) C'est là une profonde erreur, dans la situation qu'il s'est créée à lui-même et qu'on peut comparer à celle d'un matérialiste déclarant avec conviction qu'il possède la vérité. C'est ne pas se rendre compte de ce qu'est la volonté : un effet de raison, lorsqu'elle n'est pas un désir aveugle. La raison ne peut faire triompher la conscience qu'en épousant sa nature impersonnelle. Or celle-ci est absolument contraire à la foi de M. Choisy qui se distingue surtout par son individualisme religieux. La volonté, lorsqu'il s'agit de doctrine religieuse, est subordonnée à la fatalité de la conscience et ce n'est qu'en sachant l'observer et s'y conformer qu'elle peut prendre une allure naturelle. Elle ne prend sa vraie force que parce qu'elle accepte avec sincérité les inspirations de la loi qui la domine. Ce n'est plus dès lors la raison qui cherche à conduire la conscience, mais au contraire celle-ci qui soutient la raison et lui permet de triompher de ses adversaires. La raison peut donc faire triompher *la* conscience, mais non pas *sa* conscience qui est relative au pouvoir dont elle dispose elle-même. Celui-ci se trouve infligé aussitôt qu'elle n'interprète pas normalement *la* conscience qui n'est pas loi fatale pour rien. Il y a là une nuance dont l'importance n'échappera à personne. M. Choisy pourra d'ailleurs vérifier l'exactitude de ce que j'avance, car il n'a qu'à appliquer sa volonté à faire triompher sa conscience contre la mienne qui s'exercera à faire triompher *la* conscience et il ne tardera pas à s'apercevoir qu'il base sa pensée sur une grosse erreur psychologique. Je lui ferai remarquer enfin que le principal stimulant de la volonté chez les autres est *l'amour-propre*, et il constatera que je n'ai aucun souci d'exciter le sien contre le mien, en vue de faire une démonstration pratique et utile à tous, car je sais parfaitement où *sa* volonté doit le conduire et dans quelles limites elle pourra produire.

Disons en passant que si les choses ne se

passaient pas comme je viens de le dire, si la volonté pouvait se mettre au service de l'individualisme et faire tout ce qui lui plaisait sous prétexte de piété religieuse ou d'obéissance à sa conscience, la loi de Dieu serait livrée à l'arbitraire. Elle pourrait être faussée dans sa justice, par celui qui, plus peureux que d'autres ou plus jaloux de son bien-être futur, baserait la morale sur la nécessité de sauver son âme et réglerait ses devoirs sociaux en conséquence. Mais le désir, fort naturel du reste, de se réserver quelque chose de bon pour l'avenir ne saurait être le fondement d'une morale religieuse. La conscience, loi du bien, a une plus noble mission à remplir que celle de satisfaire des aspirations égoïstes qu'elle doit encore moins appliquer aux choses absolues, c'est-à-dire au *devenir*, qu'aux choses présentes et relatives. Elle possède en elle un frein naturel capable d'arrêter les abus dont la religion cherche à lui faire une règle de conduite. C'est ce que prouve la considération psychologique que je viens d'exposer.

Nous allons voir un exemple de cette étonnante confusion des deux principes : *ma conscience* et *la conscience* qui tend à substituer l'ordre moral *individuel* à l'ordre moral *collectif*, ou tel qu'on doit le chercher : « En repoussant le fatalisme, dit M. Choisy, la conscience affirme donc sa propre autorité ; elle proclame l'inviolabilité et la suprématie de l'ordre moral : ce qui est proclamer Dieu souverain arbitre de l'ordre moral, ce qui est aussi proclamer l'homme fait pour Dieu, pour le bien seul. Montrez-moi maintenant une religion qui satisfasse cette double condition, et sans marchander, je la proclamerai la religion de la conscience. Or, l'Evangile ne produit-il pas ici des titres magnifiques ? Où est combattue plus vigoureusement que dans l'Evangile, l'erreur à deux têtes du fatalisme ? » ([58])

Ce n'est pas en glorifiant sa foi qu'on la défend, mais avec des arguments, et il est parfaitement évident qu'au lieu de raisonner, M. Choisy substitue partout sa foi personnelle aux devoirs sociaux que la conscience lui impose. J'ai défini plus haut ce que doit être la religion selon la conscience naturelle. Elle est encore à créer car le christianisme dogmatique, religion illogique et exclusive par excellence, n'y correspond pas du tout. M. Choisy peut-il combattre, la formule que j'en ai donnée, la proclamera-t-il sans marchander celle de la religion qui s'impose à sa conscience? Je ne le crois pas, car il serait obligé de renoncer au système religieux, qui vise sans cesse à substituer l'Evangile à la conscience, et à étudier sérieusement le fond de la question qui s'agite entre nous, savoir: ce que doit être *ma foi* en présence de *la foi?* On remarquera du reste la confusion que fait M. Choisy entre l'Evangile, envisagé comme objectif de sa foi, et l'idée de religion que cet écrit ne représente ou limite en aucune façon, car il ne contient que des maximes de conscience ne fermant nullement la porte à d'autres maximes de conscience qui pourraient dépasser les siennes en puissance. Or, M. Choisy en présentant l'Evangile comme étant le *tout* ferme la porte à tout progrès religieux. Il le place en qualité de Parole de Dieu inattaquable au travers des lois naturelles de l'esprit de l'homme qu'il empêche de s'émanciper à leur aise. Il en fait donc un obstacle insurmontable à l'évolution normale de l'intelligence religieuse et cela de par la volonté de Dieu! Quelle folie, est-ce là la vérité selon Jésus-Christ? Arrière! La conscience se révolte devant cet Evangile dont le Christ même ne voudrait pas. Elle « bondit de colère » (¹⁶) et vous déclare : je suis, *moi*, la loi fatale, source de l'intelligence et de la vie, j'ai la force de m'imposer à tous, et je ne veux pas de *votre* Evangile qui combat l'erreur à deux têtes du fatalisme en vue de faire le service d'une Eglise.

Il importe beaucoup de ne pas confondre l'Evangile, loi commune, avec *mon* Evangile, c'est-à-dire avec l'interprétation que je donne à l'Evangile. C'est pour cela qu'on ne peut substituer nulle part le mot à sa définition, dont chacun est responsable. Lorsqu'il s'agit de choses qui se rattachent à l'idée de Dieu, nul ne doit remplacer l'explication qu'il doit aux autres par des mots au *sens multiple* et dont on peut abuser pour donner le change sur la valeur réelle des idées qu'on oppose à la conscience ou qu'on veut lui faire accepter. L'identification de la conscience de M. Choisy avec le faux Evangile qu'il cherche à imposer aux autres, sans juger à propos de se justifier, démontre assez ce que j'avance. Qu'il veuille bien définir et préciser son Evangile ou établir clairement comme il entend qu'on interprète celui qui est à la portée de tous, et c'est par là qu'on verra s'il épouse vraiment la loi de Dieu selon Jésus-Christ — que d'autres envisagent comme ayant été le prophète de la conscience naturelle.

La lutte de sincérité entre la foi conventionnelle et les droits de la conscience naturelle — que M. Choisy cherche à transformer en devoirs envers la première — s'accentue encore mieux dans le passage suivant où l'on voit que la lumière qu'il déclare exister dans un certain Évangile qu'il recommande aux autres n'éclaire pas beaucoup sa propre intelligence puisqu'elle ne parvient à créer la vérité que sous l'aspect d'un tissu d'inconséquences. « La conscience, dit-il, c'est le *sentiment de Dieu en nous*. Ce sentiment a besoin pour s'épanouir, de se *définir, de se mettre au clair* avec lui-même. Qu'est-ce, peut-on se demander, qu'est-ce que Celui que nous appelons Dieu ? Qu'est-ce que le monde ? Qu'est-ce que nous-mêmes ? Que sommes-nous par rapport au monde et à Dieu ? Autant de questions, autant de points appelant des réponses ; ces réponses se nomment des dogmes... Mais dans le fouillis de réponses et de dogmes proposés par les philosophies et les religions, où donc est la vérité ?... La vérité, hommes, frères, elle est partout où se trouve un dogme capable de soutenir, de fortifier et d'aiguiser la conscience : voilà la marque de la vérité ! je n'en connais point d'autre. Eh bien ! nous possédons dans l'Evangile un ensemble de dogmes, admirablement propres à éclairer, purifier et émouvoir la conscience ; c'est ce qui en fait le glorieux Evangile du Dieu bienheureux ! » (65)

Constatons d'abord que M. Choisy recourt sans cesse à la même tactique littéraire pour franchir l'espace qui sépare ces deux mots capitaux : *conscience* et *Evangile*. Partant de la conscience il ne peut arriver de l'autre côté qu'au moyen d'une série de phrases arrangées en tableau destiné à entraîner la reine de la pensée hors de sa loi, mais ne signifiant rien par elles-mêmes, puis il termine sa période par une forte exclamation qui place du coup l'Evangile, loi des lois au-dessus de tout. L'impossibilité où il se trouve de parvenir à ses fins, en recourant à un moyen de conviction plus rationnel, montre bien que la loi d'ordre dans les idées dont j'ai parlé plus haut n'est pas une utopie et qu'elle refuse le pouvoir d'être logique ou de parler avec clarté et régulièrement à tous ceux qui cherchent à lui faire violence au profit de leur conviction personnelle.

Analysons la valeur du tableau qui précède. Disons en premier lieu que si nous continuons à nous poser les questions dont il parle, c'est évidemment que la lumière de l'Évangile ne les a pas éclairées et nous pouvons en conclure que s'il procure de l'émotion à la conscience il est encore bien loin de la satisfaire dans l'ordre intellectuel. La vérité est d'ordre intellectuel et l'Évangile reste muet au sujet de tout un ensemble de problèmes à résoudre, ou de vérités vers lesquelles aspire notre esprit. Il n'est donc pas admissible qu'on en fasse un *tout absolu*, devant lequel devrait s'effacer notre intelligence. Cela serait contradictoire avec son devoir le plus sacré qui est de chercher tout ce qu'elle est à même de formuler en problème et dont M. Choisy ne tient jamais aucun compte. Notre esprit doit se poser des questions, cela est un fait. Que sont les réponses ? De simples *essais* pour parvenir à la vérité, en attendant mieux, mais qu'est-ce que la vérité ? Un ordre d'idées dont le sens s'impose à tous et, au point de vue philosophique, un principe inattaquable. Or l'Evangile manque de principes capables de répondre aux questions qu'on a lues plus haut et à bien d'autres. Sa base est instinctive, il contient beaucoup d'excellents préceptes d'ordre moral qui s'imposent directement à la conscience, mais les principes généraux d'ordre intellectuel lui font défaut. Cependant c'est l'ordre intellectuel qui règle l'ordre moral et tous les commentaires qu'on fait de l'Evangile sont d'ordre intellectuel. Il faut qu'ils soient logiques pour correspondre normalement à la vérité instinctive qui fut celle de Jésus-Christ. On doit donc prendre bien garde à ce qu'on dit lorsqu'on parle de l'Evangile, car on a soi-même une condition à satisfaire. La note admirative est devenue une arme par trop banale pour défendre la loi de Dieu ; elle est insuffisante pour correspondre aux exigences absolues de notre conscience intellectuelle. Celle-ci réclame des vues plus substantielles, elle a droit à quelque chose de mieux que de simples effets d'enthousiasme.

Quant au dogme, il est la négation du principe de vérité, tel que veut l'avoir notre conscience. La différence de la *vérité* au *dogme* est grande, car la première est universelle, progressive, toujours logique avec elle-même ; peu lui importe qu'on la détruise car on ne peut le faire qu'en la reconstituant à nouveau. Remplacez une vérité par une autre et la première restera toujours. Le dogme, par contre, n'est qu'un produit de l'ignorance se soutenant par obstination et transformant son aveuglement en règle de devoir humain contrairement avec les enseignements de la conscience. Détruisez le dogme et il ne reste que le vide. Son immobilité systématique arrête tout libre essor de la pensée. Sa prétention de régir la conscience, tout en se montrant contraire à la raison, le rend, sous toutes ses formes, logiquement insoutenable. Le dogme n'a jamais été dans l'esprit de Jésus-Christ et ne fut institué qu'au profit de gens qui ont interprété son enseignement dans le sens qui leur était le plus agréable. C'est parce qu'on fait de l'Évangile une pépinière de dogmes qu'il ne contient pas, et qu'on cherche à l'imposer, tel qu'on le juge, en le transformant lui-même en dogme général, qu'on finit par le rendre insupportable à la science.

La conscience naturelle répond à cette manière d'agir qu'elle n'acceptera jamais comme loi de Dieu que ce qui, comme le langage moral de Jésus-Christ, s'impose directement à l'esprit, ou ce qu'on saura, comme dit M. Choisy, *définir, mettre au clair* et transformer en vérité universelle. Elle ne saurait admettre qu'on joue perfidement sur les mots en vue de lui faire prendre le *dogme* pour la *vérité* afin de la rendre esclave de certains préjugés de sectes, qui sont absolument inconciliables avec la vraie loi de Dieu qu'elle représente. Si l'Evangile ne contenait qu'un ensemble de dogmes il serait vraiment bien à plaindre. Il serait un triste flambeau pour l'esprit, et il faut espérer, pour ceux qui l'appellent un *foyer de lumière*, qu'ils sauront en extraire quelque chose de plus utile que ces créations indigestes dont on a la prétention de nourrir l'intelligence. L'intelligence naturelle réclame des *principes de conscience* et non pas des dogmes, car ils commencent à passer de mode et se trouvent fort heureusement sur le déclin de leur stérile carrière.

« Il ressort donc évidemment, dit M. Choisy, que la connaissance ou l'ignorance des vérités évangéliques compte parmi les principales causes de variation des consciences. Maintenant, si par ces dogmes, l'Evangile produit des effets incontestables sur les consciences, si la privation ou l'éclipse de sa lumière laisse ou plonge les âmes dans de si profondes ténèbres, il faut bien en conclure que l'Evangile n'est pas le fruit, non pas même le fruit le plus mûr de la conscience de l'homme, mais qu'il est une révélation de Dieu. Tout, ici-bas, est révélation de Dieu, j'en conviens : la nature, l'homme, la société, l'histoire et par excellence l'Evangile, seulement, il faut apprendre à lire dans ces livres divers. » (⁶⁴) On voit par ces lignes à quel genre d'arguments on est obligé d'avoir recours pour établir un rapport entre la *conscience*, déclarée loi souveraine, et la *révélation:* l'Evangile produisant des effets sur la conscience ne saurait être son fruit et c'est pour cela qu'il est une révélation de Dieu supérieure à la conscience, à la nature, l'homme, la société et l'histoire !

Seulement il faut savoir le lire. Or je me demande pourquoi M. Choisy, qui, d'après ce qu'il dit, doit savoir le lire, se borne toujours à en faire l'éloge au lieu d'en extraire directement des *vérités perceptibles* et indiscutables ? Cela serait infiniment plus éloquent et plus persuasif. Tant qu'il ne le fait pas, il se borne à placer le mot *Evangile* là où d'autres mettront avec non moins de conviction ceux de *Coran* ou de *Talmud*. On peut d'ailleurs lui objecter que la nature, l'homme, la société et l'histoire sont des *faits* vitaux et universels, tandis que l'Evangile ne représente, comme tous les textes sacrés, qu'un *ordre d'idées* relevant directement de la loi de nos idées qui dépend de la conscience. Or celle-ci ne peut admettre comme *révélation de Dieu* que ce qui se présente sous la forme d'une vérité incontestable, car le propre de la vérité est d'éclairer et non de plonger dans le doute. L'Evangile donc, à ce point de vue, n'est rien en lui-même, il dépend entièrement de ceux qui, sachant le lire, sont en état de le transformer en vérité capable de s'imposer à tous. Cette vérité sera la lumière qu'on dit cachée dans son sein. Ceux qui ne savent pas l'en retirer sont mal venus à faire des efforts pour placer l'Evangile au-dessus de la conscience des autres et cela d'autant plus qu'on vient de voir dans quelles fâcheuses conditions la leur est conduite à le faire.

Voyez-vous Jésus-Christ prônant la loi des Hébreux mais ne sachant rien en retirer, rien y ajouter, se bornant à la glorifier comme révélation divine et empêchant les hommes de penser, sous prétexte qu'il n'est pas possible de critiquer une certaine Parole de Dieu, dernier mot de la lumière intellectuelle et morale ? Il n'est vraiment pas possible de se moquer plus audacieusement de la conscience sociale et de la puissance de Dieu. Produisez vous-même la lumière, ce sera le meilleur moyen de prouver que Dieu éclaire votre intelligence mieux que celle des autres et que vous avez le droit de leur parler en son nom. Mais si c'est pour éviter qu'on vous critique vous-même que vous vous retranchez derrière la Parole de l'Evangile, il vaut mieux le dire tout de suite : on saura au moins à quoi s'en tenir. On ne fait pas aux autres un devoir devant Dieu d'épouser la foi qu'on professe, sans exposer sa propre individualité à être jugée par la conscience.

On peut épeler la nature parce qu'elle est un *ordre de faits* qui vous apprend toujours quelque chose de nouveau. Mais les *ordres d'idées* qui donnent lieu à discussion sans permettre de conclure prouvent qu'ils ne satisfont pas correctement la loi de nos idées selon la conscience, c'est dire qu'ils sont confus, incomplets ou faux. Il n'y a pas de raison pour que l'Evangile échappe à la loi commune. Il faut qu'il soit jugé comme tous les ordres d'idées que l'histoire des hommes a produits. Là où plusieurs interprétations sont possibles l'autorité ne compte plus. Il n'est pas admissible que la parole de Dieu se présente à nous dans des conditions de clarté inférieures à celles qu'on exige des hommes. C'est pour cela que la *nature* refuse à l'humanité les moyens de soutenir que l'Evangile doit être placé au-dessus de sa conscience qui est, en réalité, toujours supérieure à tout ce que la raison peut produire.

Il y a cependant des chrétiens qui ne sont pas de cet avis et prétendent même que leur opinion personnelle sur l'Evangile *en fait partie*. Leur devoir est donc de placer cette opinion au-dessus de toute critique. J'insiste sur ce point, car je pense qu'il est indispensable de définir clairement sa situation avant d'entrer en discussion sur ce que contient l'Evangile. Il faut, pour pouvoir conclure, qu'on se déclare *orthodoxe* ou *libéral* avant de passer à l'analyse de faits secondaires. Celui dont la foi est orthodoxe et qui se donne des apparences libérales quand cela peut lui être utile ou lorsqu'il se trouve en face d'un contradicteur, n'agit pas avec franchise. On ne discute pas la loi de Dieu en de pareilles conditions. Avec le chrétien libéral on a une mesure, une base d'entente commune pour apprécier ce qu'on soumet à l'appréciation de la conscience : son désir sincère *de rechercher la vérité*. Mais avec celui qui se déclare orthodoxe, qu'on discute le rôle de *l'orthodoxie* dans notre pensée avant d'aborder les textes douteux de l'Evangile qu'elle tranche en sa faveur sans aucun souci de l'opinion des autres ! Il est juste que chacun s'explique au sujet de la couleur du verre au travers duquel il entend qu'on lise l'Evangile. Quand il aura justifié ses droits à être orthodoxe, on pourra passer à d'autres considérations. Mais c'est là où je lui affirme que la *nature*, c'est-à-dire la loi vivante de Dieu en lui, ne lui permettra pas d'émettre des vérités de *sens commun*. Je lui montre donc la condition qu'il doit satisfaire pour démontrer avec de loyaux procédés qu'il est dans la vérité et que je suis dans l'erreur.

Citons à ce propos l'opinion de quelques chrétiens libéraux affirmant sans ambiguité les droits de la conscience naturelle en présence de ce qu'on appelle la Parole de Dieu révélée :

Voici d'abord une définition de M. le professeur Cougnard que je cite afin d'en rectifier la formule conformément à tout ce que j'ai dit jusqu'à présent. On n'aura pas de peine à se rendre compte de l'exactitude d'une observation qui fortifie le principe libéral au lieu de l'amoindrir : « *Le principe libéral*, dit-il, *est très simple et très facile à définir : c'est le gouvernement de l'âme par elle-même, l'indépendance de la conscience individuelle* [1]. » La liberté de conscience, que cette formule semble admettre, est un principe erroné auquel j'oppose le suivant : *Liberté de penser et d'agir, en observant la dépendance de la raison en face de la conscience individuelle qui est dépendante de la conscience collective* [2]. Ce principe précise le

---

[1] *Sermons*, Fischbacher éditeur. 1886.

[2] Disons, pour être juste, que cette rectification n'est qu'une question de forme plus correctement psychologique dont M. Cougnard a d'ailleurs parfaitement donné le sens, dans les commentaires qui ont suivi la définition de son principe : page 75 et suivantes.

rapport naturel du droit au devoir dont celui de M. Cougnard ne donne pas tout à fait l'esprit, ce qui fait que ses adversaires peuvent le critiquer, dans l'ordre doctrinaire, en disant qu'il signifie : *Crois ce que tu veux et fais ce qui te plaît*, ce qui est la devise des *orthodoxes*, dont la raison se plaît à substituer l'Evangile à la conscience parce que leur croyance les y pousse et qu'ils se préoccupent d'ailleurs fort peu de celle des autres. Remarquons en passant que les apôtres ont fortement insisté sur le principe de liberté pour détacher les fidèles de l'ancien régime mais qu'ils ne leur ont pas expliqué comment ils n'étaient pas libres de ne pas partager leur foi, car leur propre raison étant prisonnière d'une croyance irréfléchie ne leur permettait pas de leur dire : *vous ne trouverez pas en vous le pouvoir de la combattre*, ce qui eût été le vrai moyen de concilier la liberté et la foi devant la conscience. La définition de M. Cougnard est conforme à la pensée des apôtres, mais elle n'est pas rigoureusement psychologique.

Passons maintenant à l'opinion de M. Athanase Coquerel fils au sujet des Ecritures :

« Pour comprendre la Bible, il faut la traduire à notre usage ; il faut peser, comparer, méditer, voir avec ses yeux, saisir avec sa raison, admirer avec son imagination, juger avec sa conscience. La conscience en présence de la Bible, et illuminée par elle, reste ce qu'elle est partout, le juge souverain et en dernier ressort[1]. »

M. le professeur Pédezert, de Montauban, va encore plus loin lorsqu'il dit :

« Il ne s'agit pas de fixer les limites de la révélation, ces limites que les uns font si étroites et les autres si larges. Si la Parole de Dieu est dans la Bible, tout, dans la Bible n'est pas parole de Dieu. Certains récits, certains discours, certains conseils, certains livres même dans ce livre sont utiles, pas divins ; ils font partie de l'histoire sainte ; ils ne sont pas un élément de révélation. Sachons reconnaître les conditions humaines des révélations divines et ne nous faisons pas une Bible de fantaisie sous prétexte de fidélité. Gardons-nous de prétendre que tout, dans le volume sacré, soit de la même vérité ou de la même importance. Ce langage ne serait pas celui de

---

[1] *La Conscience et la Foi*, p. 97.

la foi, mais celui de l'ignorance ou du parti-pris. »

Le passage qu'on vient de lire est cité par M. le pasteur Paul Chapuis qui le complète avec les réflexions suivantes :

« Comment ! notre siècle a tout fouillé. Il a discuté Aristote, Platon, Hérodote, Thurcydide, Tite-Live et Tacite. Il a passé au laminoir ces grandes œuvres du génie antique, qui en ressortent plus belles et mieux comprises. Et vous voulez imposer aux documents de la Révélation les hontes de votre peur et de votre incrédulité ! Vous craignez pour vous et pour eux le grand jour, la libre discussion, les lois ordinaires de l'esprit humain ? Vous voulez faire du peuple protestant une collection d'imbéciles. »

« C'est que vous ne croyez pas. Ou si vous croyez, vous croyez au livre, à sa couverture, mais non pas à son contenu, vous ignorez la force intrinsèque de la vérité. » « Non, la critique est permise ; la critique est légitime, la critique est un bienfait ; il n'y a que Rome qui la nie, l'interdise et l'excommunie[1]. »

[1] *Evangile et Liberté*, numéro du 31 mai 1889.

Ces citations définissent très nettement la situation des partis. M. Choisy se range-t-il du côté de la règle de conduite qu'elles tracent à l'esprit de l'homme ou bien du côté de l'opinion non moins clairement exprimée par M. de Gasparin au sujet de l'Evangile et que j'ai citée dans le premier chapitre de cette étude? De sa franche déclaration résultera l'ordre des idées à suivre pour discuter le rapport de la religion, en général, avec la conscience naturelle. Il faut convenir qu'il doit cela à ses contradicteurs du domaine de la science ou autres, après avoir écrit un livre sur *la Conscience*, sans avoir fait de profession de foi catégorique sur l'état de *sa propre conscience*. Si M. Choisy se range du côté des orthodoxes, qu'il soit franc et définisse nettement sa pensée. On le priera dans ce cas de bien vouloir combattre le matérialisme avec l'Evangile dogmatique qu'il attribue à Jésus-Christ et non pas avec la religion du Dieu seul qui relève de la conscience naturelle. On ne peut pas naviguer capricieusement entre deux principes : condamner le matérialisme au nom de la raison et de la conscience, puis subordonner cette dernière à l'Evangile lorsqu'on s'adresse à ses fidèles. De deux choses l'une : ou la conscience perçoit Dieu et le défend par l'exercice de sa propre loi, dès lors appuyez-vous sur elle et laissez-la faire — ou elle n'est qu'un jouet dépendant de l'Evangile et les matérialistes railleront avec bon droit la souveraineté qu'elle s'attribue lorsqu'elle parle à la science.

Passons à quelques brèves considérations sur la substance même de l'Evangile.

« La sagesse, dit M. Choisy, c'est le développement normal et graduel de la conscience commune à tous les hommes ; c'est le sentier des justes qui doit conduire à la perfection. Voulez-vous nous accompagner et nous suivre dans ce sentier des justes ? Notre intention serait de chercher à vous le décrire, et, chemin faisant, de vous faire connaître par excellence dans l'Evangile, *la lampe à nos pieds et la lumière à notre sentier.* » Quand nous parlons d'Evangile, entendons-nous bien ; nous ne comptons aborder l'Evangile que par son côté le plus général ; nous laissons l'Evangile de la grâce… Nous n'interrogerons l'Evangile que sur ce point spécial : quelles lumières morales projette-t-il sur le sentier des justes ? Quel sentier trace-t-il à la justice ? Quelles voies, quels horizons ouvre-t-il à la conscience qui se sent et se sait appelée à la perfection ? » (78)

Quand on fait un travail sur la *conscience*, il ne faut pas oublier qu'on s'adresse à la conscience universelle et non pas seulement à la conscience évangélique. Lorsqu'on aspire à convaincre on doit savoir se mettre dans l'esprit des autres au lieu de s'appliquer exclusivement à démontrer que la source de toute morale est dans l'Evangile. Or il suffit de lire avec attention les lignes qui précèdent pour comprendre l'idée maîtresse qui a guidé la pensée de M. Choisy dans toute l'exposition qui les a suivies. Elle est un hosannah continuel à sa foi personnelle et une mise en scène des lumières qu'elle projette non dans l'esprit humain mais dans l'Evangile même. Il semblerait à l'entendre qu'on n'est vraiment juste qu'à la condition d'admettre avec lui que : *Le christianisme tempère et divinise la vertu par l'élément de délicatesse qu'il y mêle.* (90) Ce christianisme étant celui de sa foi, bien entendu.

Sans contester la valeur de l'Evangile moral du Christ, je crois pourtant avoir le droit de protester contre la tendance à substituer la morale de *l'admiration de la source de toute justice* à celle de la *mise en œuvre de ses préceptes* quand je vois que la première fait perdre à celui qui la pratique le sens de la *justice* à l'égard de ceux avec lesquels il traite. On ne saurait admettre que son enthousiasme pour le « soleil des consciences » devienne une cause d'oubli des devoirs qui l'unissent aux autres et dont le principal est assurément de se montrer *juste* envers l'Evangile même, dont nul ne doit faire un éteignoir de son intelligence.

Entendons-nous sur ce point. Les lois morales de l'Evangile émanent surtout de la conscience de Jésus-Christ qui les a émises, afin qu'on cherche à les pratiquer et non pour qu'on se voue exclusivement à citer et admirer des textes dont il n'avait lui-même aucune connaissance. L'Evangile-texte se divise d'ailleurs en deux parties distinctes : l'une qui rapporte les pensées du Maître et qui est solide, l'autre composée par divers personnages et qui lui est fort inférieure. Mais lorsqu'on parle de l'Evangile on a toujours en vue le *groupe des livres* qui le constituent. On place ainsi la parole de Paul, par exemple, à côté de celle de Jésus-Christ et l'on fait de ce mélange, sans établir aucune distinction d'origine : la *Parole de Dieu* ou la révélation de Dieu, c'est-à-dire : *l'astre divin des consciences.* Cependant l'Evangile-*grâce* est de Paul et l'Evangile *du bien* est de Jésus-Christ. Mais on ne se sert du dernier que pour mettre en relief la vérité du second, que le Maître ne connaissait pas, et l'on attribue ces deux sources d'idées à la même cause. Cette combinaison de deux Evangiles en un seul, transformé en guide des consciences, ce procédé pour faire dire à l'un d'eux ce qui ne fut jamais dans la pensée de son auteur, est-elle bien conforme à l'esprit de la lumière morale que Jésus-Christ s'efforça de projeter sur le sentier des justes ? Le Christ a moins songé à *diviniser la vertu* qu'à aider les hommes à l'appliquer et l'on peut se demander si lui, dont la conscience était vibrante, eût approuvé cette manière *délicate* de l'exercer en son nom et de comprendre son enseignement ?

Ce sont là des points sur lesquels celui qui aborde l'Evangile-lumière avec l'intention évidente d'en faire le marchepied de l'Evangile-grâce ferait bien de traiter au moment où il se demande quel sentier il trace à la justice ? La légitime admiration qu'on a pour Jésus-Christ ne doit pas empêcher de voir clair dans sa doctrine ou dans le caractère des hommes qui ont *révélé la loi de Dieu*, ni de les juger chacun selon ses mérites. Il est clair que seul l'enseignement de Jésus-Christ doit être appelé celui de l'Evangile, dont Paul ne fut qu'un interprète quelconque l'ayant jugé selon sa conscience comme tant d'autres. Nous aimerions donc savoir si M. Choisy place la conscience de Paul au même niveau que celle de Jésus-Christ et au-dessus de celle de ses propres adversaires, car on discutera avec la sienne en conséquence. Ce sera une manière de rechercher le chemin des justes valant bien celle qui se borne à glorifier la figure de Jésus-Christ en vue d'un but arrêté : celui de défendre l'idée de Paul. Il ne suffit pas de se prosterner devant l'Evangile et de bénir *en bloc* les lumières morales ou intellectuelles que ses divers livres contiennent, il faut encore savoir distinguer afin de ne pas induire la foule en erreur, puis admettre qu'on peut se tromper en présence de certains justes qui ne partagent pas votre manière de voir ou qui apprécient différemment que vous les horizons que telles parties de cet Evangile ouvrent à la conscience naturelle. Vous ne pouvez être justes qu'en sachant faire des concessions à ceux que vous n'êtes pas en état de convaincre, et en vous rappelant que la sagesse est le développement normal de la conscience *commune à tous les hommes* et non pas la glorification systématique d'une foi aveugle. C'est ce qu'on perd trop souvent de vue lorsqu'on donne *son propre Evangile* pour la lampe à *nos* pieds et la lumière à *notre* sentier.

Cette nécessité de spécifier sans ambiguïté ce qu'on entend par l'Evangile, lorsqu'on entreprend d'analyser le chemin de la justice qu'il ouvre à tous, se fait d'autant plus sentir que M. Choisy ne doit pas ignorer cette déclaration de beaucoup de chrétiens qui comprennent leur *devoir* différemment que lui : *Pour moi je m'attache à Christ seul, le maître des Ecritures* [1]. Il est indispensable qu'il déclare nettement s'il partage aussi cette manière de voir, car ce n'est qu'après cela qu'on pourra s'expliquer utilement avec lui.

La sagesse et la justice peuvent émaner de l'instinct, c'est ce qui eut lieu chez Jésus-Christ. Mais aussitôt qu'il s'agit de préciser le rapport

---

[1] *Evangile et Liberté*, numéro du 1er mars 1889.

normal entre les hommes et entre ceux-ci et Dieu, elles deviennent d'ordre intellectuel. L'ordre moral est d'ailleurs inséparable de l'ordre intellectuel dans notre esprit où ce dernier est même dominant. Alors comment se fait-il que M. Choisy oublie sans cesse de parler des faits intellectuels lorsqu'il s'occupe des devoirs de l'homme? Pourquoi ne nous montre-t-il pas les lumières intellectuelles que l'Evangile projette dans l'ordre moral ou réciproquement? La morale consisterait-elle à louer sans cesse certaines sentances sans jamais rien créer? La conscience qui se sent appelée à la perfection est-elle destinée à vivre éternellement des mêmes maximes, sans se croire tenue de jamais en découvrir d'autres? Il y a là matière à développement lorsqu'on se demande : *quels horizons l'Evangile ouvre-t-il à la conscience?* Sera-ce de lui faire plier aveuglément l'échine, jusqu'à la fin des siècles, devant tout ce qu'il contient? Peut-on substituer l'amour à l'intelligence ou doivent-ils se compléter? L'Evangile a-t-il parlé de ce principe ?

La conscience demande enfin si c'est l'esprit ou la lettre de l'Evangile qu'on veut lui imposer, car elle n'admet pas qu'on se serve tantôt de l'un ou tantôt de l'autre selon les circonstances? Dans le premier cas, *donnez l'exemple* et rendez-vous intellectuellement irréprochables, vous n'avez pour cela qu'à vous faire un devoir d'être logique: Balayez, comme l'a fait Jésus-Christ, tous les dogmes, car il n'y a rien de plus immoral et de plus contraire à la charité chrétienne que le dogme. Dans le second cas, précisez-nous *la lettre* afin qu'on sache à quoi s'en tenir sur la forme définitive des idées. Faites un Évangile à votre convenance mais qu'il soit clair, car les principales causes de désaccord sur l'Évangile sont ses termes vagues ou à double sens — conçus à une époque où ils pouvaient avoir une autre signification qu'aujourd'hui — ce sont ses ambiguités et souvent même ses honnêtes contradictions dont chacun profite pour organiser la vérité selon ses goûts en prétendant qu'il la tire de la Parole de Dieu. On arrive ainsi à se baser sur le *sens du devoir* pour défendre les plus grossières erreurs qu'on puisse imaginer — et à protéger son égoïsme au nom de celui qui n'était en réalité que le représentant de la conscience naturelle. Si c'est l'erreur que vous voulez entretenir en prenant le masque de la charité chrétienne, continuez à vous attacher religieusement à la lettre qui divise, en affirmant généreusement que ce sont les autres qui se trompent et qui ne connaissent pas les lois d'amour aussi bien que vous. Mais si vous aspirez à vous ranger sous le drapeau de la vérité, *créez la vérité*, qui unit parce qu'elle est indiscutable. Ce n'est qu'ainsi que vous ferez preuve à la fois de sens moral et d'intelligence. Ce que nous désirons avant tout, c'est de ne pas devenir niaisement la victime de gens, faisant de la réclame avec une charité chrétienne qu'elles ne mettent pas en pratique. Nous n'admettrons jamais qu'on ne parle des lumières de l'Evangile que pour mettre sa propre responsabilité à l'abri.

Ce qu'il y a de plus dangereux dans l'Evangile c'est son *titre*, dont on cherche à faire un principe de conscience à la foule, en dehors de toute définition — car, une fois qu'on est parvenu, au moyen d'un ensemble d'idées qu'il ne contient pas du tout, à le faire planer comme une source absolue de vérité au-dessus de la conscience, on en retire ensuite tout ce qu'on veut pour confirmer ce qu'il n'est pas en état de démontrer par lui-même. On le transforme en réflecteur de ce qu'on lui envoie. On fait parler ses textes en raison de ce qu'on a besoin de leur faire dire, on se sert de la *lettre* pour prouver le bien-fondé des *commentaires* qui l'encadrent et il devient alors le serviteur d'une opinion personnelle qui se donne pour le représentant de la volonté de Dieu. C'est ainsi qu'à force de manœuvres intellectuelles sur le devoir et de parler d'amour, de justice et de charité, dont on place l'unique source dans l'Evangile, on parvient à vous faire obéir aux hommes au lieu d'obéir à Dieu selon la conscience.

Or je respecte l'Evangile et j'admire Jésus-Christ selon ma conscience qui ne se croit pas obligée de le faire selon celle des autres, tant qu'elle ne sait pas s'exprimer d'une façon claire. Mais, reconnaissant la nécessité de n'imposer arbitrairement ma manière de voir à personne, de conformer mes actes à mes paroles et celles-ci au devoir qui me lie aux autres, je déclare que ma foi ne doit se communiquer que par le chemin du langage du sens commun. Je me fais donc une obligation de ne jamais recourir à un autre moyen de persuasion que celui de la vérité directement perceptible ou vérifiable et je ne critique les autres que lorsqu'ils ont recours à des procédés incorrects pour donner une couleur particulière à la loi de Dieu *qui nous est commune.* Si chacun observait cette règle de conduite qui concorde aussi bien avec l'*idée logique* qu'avec l'*amour de ses semblables*, il s'envisagerait loyalement comme responsable de ses propres actes, au lieu de les faire protéger par la Parole de Dieu, et l'on finirait par s'entendre. On pratiquerait la morale au lieu de se borner à s'étonner de ce qu'un homme aussi surnaturel que Jésus-Christ soit parvenu à la comprendre, à l'appliquer et à en faire un devoir à chacun. Je ne pense pas que Jésus-Christ ait jamais songé à modifier la justice et la charité, telles que la conscience les a toujours comprises. Il s'est simplement borné à faire ce qu'il pouvait pour engager les hommes à y conformer leurs vues. *Justice, amour, vérité*, tout cela se tient et ne forme qu'un seul tout indivisible devant la conscience. Celle-ci n'aime pas qu'on lui en fasse des tableaux religieux ; elle préfère qu'on sache lui montrer la manière de les mettre en pratique.

On montre beaucoup mieux qu'on a le sens et le respect du vrai en s'en rendant courageusement l'esclave, qu'en s'extasiant sur les beautés du sermon sur la montagne et en s'humiliant devant Jésus-Christ, tout en faisant aux autres ce qu'on regretterait qu'ils vous fissent : contracter un engagement avec eux, sur un principe qui leur crée des devoirs envers vous, puis s'en séparer quand cela vous plaît, par simple goût, sous prétexte de *foi*, en leur déclarant que vous avez des obligations antérieures, justifiées par une certaine volonté de Dieu révélée et que vous placez au-dessus de la loi de Dieu selon la *conscience,* après avoir appelé celle-ci son *ministre-résident* dans l'esprit de l'homme ? — Que diriez-vous d'un Juif s'il faisait, comme vous, un devoir aux autres de se conformer sans marchander aux enseignements de la conscience, mais avec l'arrière-pensée de les conduire à la foi de sa secte, par des chemins dont il ne pourrait pas justifier la moralité ? *De tel jugement que vous avez porté, vous devez être jugé, de telle mesure que vous avez mesuré la conscience de vos adversaires, la vôtre doit être jugée.*

Les professeurs de loi d'amour feront donc

bien de ne pas perdre de vue celle de la justice qui les oblige à donner une forme correcte à leurs idées. On ne se fonde pas impunément sur l'autorité de la conscience, loi vivante de Dieu, pour la conduire à petits pas combinés, et facilités par des élans d'enthousiasme, vers l'Évangile lumière et passer, une fois qu'on l'a fait adopter en principe, à l'Évangile grâce. Cela d'autant plus que lorsqu'on examine l'esprit de ce dernier on le trouve aussi inconciliable avec la conscience de Jésus-Christ qu'avec le sens moral collectif et incompatible avec la logique naturelle du *Dieu seul*. On ne peut y voir qu'un outrage à la conscience de l'homme à laquelle certains fanatiques, un peu trop jaloux de leur destinée future, voudraient pouvoir l'imposer.

La question qui se pose entre la *conscience naturelle* et la *conscience religieuse* est en résumé celle-ci : L'ordre d'idées que représente le drapeau de l'orthodoxie chrétienne exprime-t-il à l'égal de celui que toute autre religion *une variation au principe de la conscience normale*, donc une déviation relative au devoir qu'elle vous impose, ou bien peut-elle justifier qu'elle soit vraiment le principe auquel doivent se rapporter la morale de Jésus-Christ et toute les autres religions? N'oublions pas ce que j'a plusieurs fois répété : que la conscience religieuse est ici *contractante* envers la conscience naturelle et que celle-ci n'entend pas qu'on lui fasse jouer le rôle de mineure, car elle a ses propres armes de défense qu'on aura de la peine à lui enlever. La religion serait fort mal avisée en essayant de la traiter en serviteur de ses droits avant d'avoir su les établir. La conscience naturelle est religieuse en principe, l'histoire le prouve, mais celle-ci prouve en même temps que les religions sont appelées à se modifier et à transformer leur foi. Si la conscience est religieuse, elle est encore bien des choses à côté, en particulier scientifique et philosophique : Or de même que la philosophie doit rendre ses comptes à la religion, ainsi cette dernière a des devoirs à remplir envers la philosophie dont la nature même est absolument contraire à toute tendance orthodoxe. Aucune religion n'a donc le droit de répondre à la question posée en exhibant ses dogmes comme pièce à conviction, afin de témoigner qu'elle représente bien la volonté de Dieu ou sa loi, ce qui revient au même. Elle est tenue d'opposer des raisons aux raisons comme tous les êtres intelligents de la terre. Quant au procédé qui consiste à apprendre aux peuples qu'ils doivent *obéissance* à la volonté de quelques hommes qui se donnent pour les seuls représentants de la vraie loi du bien, il est peut-être compréhensible lorsqu'on parle à des fidèles qui se croyaient déjà tenus à la soumission avant qu'on le leur dise, mais il n'a pas de valeur aussitôt qu'on s'adresse à la conscience universelle. Celle-ci, en effet, crée des devoirs à ceux-là mêmes qui réclament l'obéissance.

L'état d'esprit que révèle la citation suivante fera comprendre que ces réflexions ont bien leur raison d'être, car M. Choisy inverse sans cesse les rôles de la raison et de la conscience. En réclamant l'obéissance de la conscience sous l'action de la volonté, il ne semble pas se douter que c'est au contraire la raison qui doit obéissance non pas aux hommes ou à leurs combinaisons intéressées mais à la conscience : « Il dépend de vous, dit-il, de votre autorité, de prêter main-forte à la conscience, de la faire varier dans le sens du bien par votre *obéissance*. Vous êtes donc de ce chef responsables des variations de votre conscience. Vous en êtes encore responsables, parce qu'il dépend de votre libre volonté de rechercher ou de négliger les lumières que vous fourniraient, pour le plus grand bien de votre conscience, l'observation, l'expérience de la vie *et surtout l'Evangile*. » (⁷¹) On voit que cette période, comme la plupart des autres, est composée d'un enchainement confus d'idées reposant sur de fausses notions psychologiques et couronnée par l'inévitable mot d'entrainement en faveur d'un certain Evangile qui est la constante préoccupation de l'esprit de M. Choisy. Je le répète la conscience, *loi du bien*, ne varie pas, tandis que la raison varie, lorsqu'elle ne dirige pas sa vue sur la conscience *qui doit la soutenir*. A qui cette conscience, qui varie d'après M. Choisy, doit-elle obéissance, selon lui, si ce n'est à sa *foi personnelle*, qui prêche *l'observation*, surtout celle de l'Evangile, mais n'observe jamais le devoir que la logique et la morale même de l'Evangile du Christ lui imposent à l'égard de ses semblables? On enseigne volontiers la charité, mais à la condition qu'elle n'ait rien à voir dans un sanctuaire beaucoup plus précieux que le sien : celui du dogme. *Périsse la charité, pourvu que le dogme demeure!* On veut bien de la charité comme tableau de mœurs, mais la faire pénétrer *dans les idées* c'est autre chose.

Une fois qu'on a *posé en principe* que la conscience doit abdiquer ses droits devant l'Evangile, tel qu'on l'interprète soi-même, on n'a plus qu'à lui faire entendre qu'elle ne trouvera la paix *que* dans la personne de son auteur, dont on fait par transitions graduées et à force de points d'exclamation le *but de la foi*, c'est-à-dire un second Dieu par lequel l'homme doit passer, s'il veut que sa conscience puisse se mettre en règle avec *le vrai Dieu!* C'est lui enlever la liberté qu'il a de traiter ses intérêts directement avec son Dieu, conformément à la loi de devoir absolu qu'il a placée dans sa conscience. La conséquence de ce régime est qu'on ne peut obtenir son *salut* qu'en passant par un Dieu conventionnel que la conscience, qui sait honnêtement tenir compte de tout, réprouve formellement. Ses avocats ne peuvent le soutenir logiquement tandis que tout ce qui représente *la vraie loi de Dieu* ou sa volonté est logique et peut s'imposer à tous. La conscience naturelle, se basant sur ce principe qu'elle ne tire que d'elle-même, affirme que : *tout ce qu'on propose comme but de la foi, hors du seul vrai Dieu n'est qu'une source d'immoralité, et d'inconséquences pour celui qui s'emploie à organiser au nom de Dieu ce qu'il n'a jamais voulu* — en répétant avec l'humilité du piétiste bien décidé à ne jamais changer d'opinion : que ta volonté soit faite et non la mienne !

« La paix, mes frères, dit M. Choisy, vient à la fois du ciel et de la terre : l'Evangile vous l'offre dans la personne de Jésus-Christ, l'homme céleste... du ciel par son origine, de la terre par son œuvre et son caractère. Vous pouvez redevenir un avec Dieu en devenant un avec Jésus-Christ par la foi... L'Evangile est plus qu'une lumière, il est une rédemption... il vous dit : Voilà, dans la foi en Jésus-Christ *crucifié* et en Jésus-Christ *glorifié*, le moyen d'atteindre à cette vie morale et religieuse qui est le tout de l'homme. » ([190-191])

La conscience naturelle peut formuler sans l'aide de l'Evangile ce qu'elle doit faire pour obtenir la paix qu'elle cherche : *accomplir son devoir dans de telles conditions que personne n'y puisse rien trouver à redire et s'en remettre à Dieu pour le reste !* Étant loi vivante de Dieu, elle possède à tous les degrés d'intelligence, le secret de cette tâche qu'elle s'impose et qui doit être le but constant de sa vie. Dieu, d'ailleurs, ne punit pas les pauvres d'esprit, ou ceux auxquels il n'a pas donné la puissance de comprendre leur devoir. Tendre au devoir bien formulé, croire en la justice de Dieu, savoir s'y soumettre et espérer en sa bonté, voilà toute la morale de conscience. On la trouvera chaque jour plus noble que de passer son temps à diviniser Jésus-Christ et à s'aplatir d'amour devant lui — *afin d'être sauvé !* Les religions feront bien de méditer ce principe qui leur crée des obligations, et, ce qui n'a pas peu d'importance : *pourra seul les mettre d'accord.* Cela vaudra mieux que d'apprendre aux populations que telle religion et la morale artificielle qu'elle institue sont le *tout* de l'homme. L'homme est un rapport actif *d'instinct moral* et *d'intelligence.* C'est grâce à son instinct que les religions ont vu le jour. Mais aucune religion n'a le droit de se taire sur le chapitre de l'intelligence, afin de ne pas avoir à régler ses comptes avec elle. Dieu ne protège pas spécialement les imbéciles pleins d'amour pour sa sainteté, contre les hommes intelligents qui prennent la peine d'étudier ce qu'est la conscience, afin d'en interpréter le sens selon la nature et de régler leurs actes en conséquence.

On commence à s'apercevoir aujourd'hui que l'étude des lois de l'intelligence prime l'humilité devant une sainteté qu'on ne comprend pas et dont on abuse, car ce n'est que l'intelligence qui peut donner à la sainteté sa couleur selon Dieu : la loi d'ordre par excellence à tous les points de vue. Et quant à son *devenir*, la conscience naturelle a bien d'autres, de plus belles et de plus sûres cordes à son arc que celle de la rédemption : Elle parlera, soyez-en sûr et l'on peut compter sur l'avenir car avec la foi, la logique et la science on ira encore bien loin sur le chemin de la loi de Dieu ! En attendant ce qu'on peut affirmer c'est que la conscience ne consentira plus à se cristalliser dans les formules qui sont le symbole de l'intolérance, ou qui la provoquent en abusant des notions de justice et de charité.

Mon Salut.

Après avoir fait appel à toutes les ressources de son intelligence, afin d'établir que la lumière de Dieu est dans *son* Evangile, qu'il place pour cette raison au-dessus de la conscience de ses semblables, M. Choisy amène ses lecteurs au but principal de sa foi personnelle, c'est-à-dire au dogme de la grâce, et voici la confession qu'il leur adresse : « Comprendre pourquoi et comment la Croix est le gage de *mon salut,* je ne le puis, et je ne m'en cache pas. Je ne puis oublier que, d'après le plus grand des chrétiens, saint Paul: *Christ crucifié est scandale aux Juifs et folie aux Grecs.* Je le sais et je le sens, je dois à cause de ce mystère même, me séparer de plusieurs qui m'ont suivi jusqu'ici, et je laisse échapper à regret leur main fraternelle. Amis, nous nous séparons ; mais restez fidèles à la conscience, et nous nous retrouverons. » (²⁰⁵)

Cette opinion n'est du reste pas spéciale à M. Choisy, elle est bien celle de l'orthodoxie. M. de Pressensé, entre autres, formule la même idée en disant que le *surnaturel c'est la rédemption* [1], ce qu'il précise ailleurs par les paroles suivantes : « Le christianisme repose tout entier sur l'*idée* ou plutôt sur *le fait* de l'intervention surnaturelle de l'amour divin pour sauver un monde perdu. Quand on a retranché le dogme de la chute et celui de la rédemption pour leur substituer le système du simple développement de la nature humaine arrivant à sa perfection en Jésus-Christ, on l'a sapé par la base. Le christianisme s'est établi avec la folie du surnaturel, il vaincra ou périra avec elle. Prétendre le maintenir en lui enlevant ce trait vraiment caractéristique, c'est introduire la plus intolérable anarchie dans le monde de la pensée [2]. » Retenons bien cette affirmation de M. de Pressensé : *Quand on a retranché la rédemption ou la folie du surnaturel du sein du christianisme tout l'édifice*

---

[1] *Revue chrétienne* du 10 juillet 1885, p. 461.
[2] *Jésus-Christ, son temps et son œuvre*, p. 47.

s'écroule, car, l'enseignement moral de Jésus-Christ étant reconnu tout à fait insuffisant pour ramener la conscience à l'observation de ses devoirs naturels, on introduit, en se basant sur lui et supprimant ce que d'autres hommes ont créé, la plus intolérable anarchie dans le monde de la pensée. C'est pourtant le même M. de Pressensé qui disait ailleurs : « *Je n'ai cessé dans ma carrière publique et je ne cesserai pas de demander le plein affranchissement de la conscience. Je le veux avec ses dernières conséquences* [1]. » Il est vrai de dire que M. de Pressensé parlait dans ce cas *à la science* et non pas *à la religion.* En religion, la conscience ne compte plus puisqu'on est obligé de l'y subordonner au miracle et au dogme. Ces déclarations me fourniront peut-être un jour l'occasion de traiter directement avec M. de Pressensé la question du rapport entre *l'impératif catégorique* et le *surnaturel,* afin que le public soit mis à même de décider en comparant les cloches et les sons. Faisons-lui, pour le moment, une demande : En vertu de quel procédé une *idée* peut-elle se transformer en *fait ?*

[1] *Les Origines,* p. 14.

Revenons maintenant à notre première citation. Il faut avouer qu'elle nous place en présence d'un enseignement religieux bien étrange. Faire appel à la conscience des autres *en lui promettant la lumière*, en lui déclarant que vous en connaissez *la seule source véritable,* puis, lorsque vous les avez amenés au point que vous aviez en vue et sur lequel se concentre tout l'intérêt, là où aboutissaient tous les chemins de votre exposition, jalonnés d'après la même idée — lorsqu'on est parvenu à l'endroit où votre responsabilité commence, là où vous deviez donner le suprême et décisif effort pour justifier la moralité et l'intelligence de votre conduite — c'est le moment que vous choisissez pour dire à ceux que vous aviez entraînés : *Amis, je me sépare de vous, parce que je ne comprends rien à la foi que j'ai cherché à vous faire adopter !* Et c'est en de pareilles conditions que vous ne craignez pas d'ajouter : *Frères, la vérité, la vérité seule vous affranchira, et la vérité c'est Christ !* ([219]) Comment pouvez-vous savoir si le Christ est la vérité puisque vous n'y comprenez rien ? Pensez-vous que la vérité soit une *conviction personnelle* et qu'il soit suffisant que vous la rencontriez en vous-même pour qu'elle représente la vérité *selon Dieu* au nom duquel vous parlez ? — *La vérité ?* — Veuillez nous dire ce que vous entendez par ce mot qui crée des devoirs à tous et dont nul n'a le droit d'abuser lorsqu'il s'agit de la loi de Dieu. Dites-nous ce qu'est cette vérité qui doit éclairer la conscience de vos adversaires, mais qui ne semble pas éclairer beaucoup la vôtre puisque vous ne savez, comme tant d'autres, que *glorifier* l'objectif de votre foi et non pas la *justifier* elle-même ainsi que vous devriez le faire, puisque vous exigez cela de ceux qui en ont une différente de la vôtre.

Condamnerez-vous celui qui vous répondra : Je ne puis partager votre foi, car je ne saurais la comprendre, du moment où vous avouez que vous ne la comprenez pas vous-même ? Me demanderez-vous quelle est la mienne, celle de la conscience naturelle ? Elle est bien simple à définir : Elle consiste à croire en Dieu, et en l'avenir que cette idée assure à tous en conservant toujours mon esprit largement ouvert à la vérité et me déclarant prêt à l'accepter sous n'importe quelle forme il plaira aux hommes de me la présenter, parce que je sais qu'ils ne pourront jamais créer cette vérité que sous une forme qui conduira au Dieu de ma conscience qui veut l'avoir toujours plus grand, plus utile et plus compréhensible, donc plus naturel. La raison défend d'ailleurs ma foi en s'appuyant sur la conscience qui rend l'accès à la vraie loi de Dieu possible à tous et dans les mêmes conditions. Elle n'admet pas qu'une foi spéciale se place au travers du progrès normal de la loi de Dieu, telle que je viens de la définir. Elle dit à ceux qui ne sont pas de cet avis : Vous ne pourrez pas organiser vos idées de manière à substituer votre croyance aveugle à la vraie foi accessible à tous, qui est la mienne. Essayez, faites l'épreuve!

Mon frère, notre situation réciproque est maintenant bien claire. Vous prétendez apporter la vérité et moi je la cherche. Que fait votre conscience, je vous prie, puisque la nôtre est là, en face de vous, prête à discuter les devoirs de l'homme selon le Dieu qui doit être le même pour tous, et ne saurait être interprété à votre point de vue exclusif? C'est bien nous, il me semble qui restons fidèles à la conscience et vous qui en déviez? Dès lors, veuillez nous dire où et quand nous nous retrouverons, car cela dépend de votre volonté qui, n'écoutant que ses intérêts, se détache de la loi commune pour suivre une route incompréhensible. Elle court après la *grâce*, qui n'est pas une donnée *naturelle* de l'esprit de l'homme, mais un effet de raison égoïste qu'il organise à son usage. Quand à nous, nous nous en tenons à la *justice* parce qu'elle est la voix normale de la conscience qui peut et doit ramener tous les hommes à son principe. *L'honnête homme réclame la justice pour lui-même et la grâce pour les autres.* Il ne comprend donc pas ceux qui aspirent à la grâce pour eux-mêmes et se bornent à plaindre les malheureux qui ne savent pas ce qu'est leur Sauveur, car sa conscience lui crie : *honte !* Aussi la conscience, loi collective, celle *du moi contre le moi*, ne permet-elle pas à ceux qui s'offrent le salut des poltrons, de définir correctement leur foi. Elle les oblige à dire : *Mon salut est un désir, mais je ne puis le justifier !* Ne le comprenant pas, je n'ai pas le droit de dire *votre salut*, ni de prétendre que ma foi soit celle que Dieu impose à *votre* conscience.

Si la rédemption est une vérité, elle doit pouvoir se formuler en langage de sens commun qui s'impose à tout le monde. Si elle n'est pas une vérité vous commettez un acte immoral en proclamant qu'elle est l'expression de la volonté de Dieu.

D'une part la *grâce* et de l'autre la *justice*, telle est la question qui doit être discutée entre honnêtes gens et non pas tranchée en faveur de ceux qui trouvent plus commode de s'en tenir à la première plutôt qu'à la seconde. Nul n'a le droit de se retirer du débat en disant : je suis seul juge de mon sort à venir et je dois être sauvé parce que Dieu a envoyé un Sauveur sur la terre afin que j'en profite et, en l'adorant pour être sauvé, je me conforme aux vues de Dieu. Ce serait s'accorder la chose et le prix de la chose. N'avez-vous pas dit : Ma conscience me signifie mon droit et mon devoir d'être l'artisan de ma propre destinée? Alors pourquoi modifiez-vous maintenant ce principe en déclarant que votre destinée est entre les mains d'un Sauveur, pourquoi lui substituez-vous le *dogme* de la grâce? La justice est-elle un dogme? Ou une donnée de conscience?

Quoi! vous ne comprenez pas la loi du salut et vous l'acceptez parce que vous y voyez le moyen d'obtenir un avantage sur les autres?

Est-ce là ce que vous appelez la *charité chrétienne ?* Quelle sera l'opinion de Dieu entre ceux qui auront imploré leur grâce en vue d'éviter certaines difficultés à venir qu'ils estiment devoir être la conséquence naturelle de leur conduite passée, et ceux qui se présenteront devant lui, bien décidés à expier leurs fautes, sans craindre de s'en remettre à la manière dont sa Justice souveraine croira devoir apprécier leurs actes ? Est-ce de ces hommes qui, acceptant franchement le principe de responsabilité, pensent que la réparation ne doit pas être *illusoire* mais *effective*, prise sur eux-mêmes, et ne sauraient admettre qu'on leur impose le dogme de la grâce, dont vous vous séparez ? *Trouvez-vous vraiment que vous ne pouvez pas partager leur foi ?* Ils vous répondront qu'on ne doit ni marchander, ni trafiquer sur la réparation que Dieu impose à l'homme, ni transiger trop habilement avec la responsabilité personnelle, car elle est la suprême voix du devoir qui lui vient de sa conscience. Commencez par vous montrer justes contre vous-même, si vous voulez qu'on vous écoute quand vous prêchez la justice aux autres. Partout on croit à la justice et au devoir d'infliger au coupable la peine de ses crimes. Alors pourquoi feriez-vous une exception en votre faveur? *Souviens-toi que tu es homme, l'homme de Dieu, et ne mens pas à ta race et à ton sang!* (⁸²) Présente-toi à lui en homme responsable et non pas en mendiant de faveurs imméritées, car il te dira tout simplement que tu n'es pas encore mûr pour comprendre sa loi, vu que tu n'as pas même compris celle de Jésus-Christ.

Osera-t-on affirmer que Jésus-Christ ait prêché le dogme de la grâce et de la rédemption, qu'il se soit imposé lui-même comme *objectif de la foi* et des devoirs absolus de l'esprit? Quand vous me prouverez cela, je vous répondrai sans hésiter *qu'il n'était pas l'homme de Dieu* et vous ne parviendrez à convaincre personne du contraire en dehors de ceux qui ont intérêt à le soutenir. Vous ne le pourrez pas, parce que votre conscience qui surveille le pouvoir de votre logique ne vous fournira pas les moyens de le faire. Elle vous rendra impuissant et contradictoire avec vous-même. On vous démontrera par contre clairement, que celui qui détourne la foi de la direction du vrai Dieu, pour la faire converger sur sa propre personnalité ou pour obtenir un avantage hors du seul Dieu, ne saurait être qu'un imposteur et non pas le loyal porte-voix de son Maître. La conscience a le pouvoir de distinguer entre les *vrais* et les *faux* prophètes. Si cela n'avait pas lieu, comment pourraient-ils établir leur droit de parler au nom de Dieu? S'effacer devant Dieu et faire converger les consciences directement à lui, tel est le signe auquel on reconnaît le véritable avocat de Dieu. Il se gardera bien de se faire adorer à sa place ou d'adorer quelqu'un d'autre que lui. Jésus-Christ aurait-il fait exception ? S'il en est ainsi, ce sera très fâcheux, car la conscience ne peut concevoir qu'un être détourne en sa faveur la moindre parcelle de ce qu'il doit, solidairement avec les autres, au seul vrai Dieu.

Cherchez soigneusement dans l'Evangile la preuve que Jésus-Christ ait voulu se faire adorer en qualité de Sauveur des hommes et vous découvrirez ainsi le plus fort argument pour le faire condamner par la conscience universelle qui est son juge. Je le respecte bien trop pour lui prêter une pareille aberration d'esprit. Ce n'est qu'en sophistiquant sur les mots et en interprétant son enseignement dans le sens qu'on désirait, au lieu de rechercher loyalement les intentions qui l'animèrent, qu'on a fait de lui ce qu'il n'a jamais songé à devenir. Jésus-Christ était très personnel, cela est vrai, mais il avait l'égoïsme de la conscience qui est sûr de sa loi et le seul qui puisse affirmer normalement son individualisme. Placez le mot *conscience* partout où il a fortement accentué son *moi* et vous aurez la clef de son énigme ou de la tendance qui a constamment animé sa pensée. *Moi, conscience,* je suis la loi de Dieu, le chemin, la vérité et la vie, celui qui croit en moi, vivra quand même il serait mort. Voilà Jésus-Christ ! Et les hommes ont abandonné la conscience, loi du bien, du devoir et de la bonne harmonie entre les hommes percevant Dieu, que le Christ venait leur révéler, pour ne voir en lui que le soutien de leurs intérêts ou le protecteur de leur avenir, à la condition qu'on sache bien l'adorer et l'aimer. Comme c'est nature ! Depuis lors la figure *morale* de Jésus-Christ n'eut plus qu'un rôle secondaire, décoratif, puis le sens du bien qu'il enseigna fut perdu de vue et sa vertu, déclarée inaccessible aux hommes, devint un sujet d'adoration. On voulut à côté de sa morale un service utile : du bénéfice. On substitua le dogme du salut à l'enseignement de la charité qui était celui du Maître. Glorification de sa figure, invention d'une Croix pratique, substitution d'une idole, but de la morale et de la foi, au cri de la conscience humaine annonçant sa loi, tel fut le travail des hommes qui se greffa sur l'œuvre de Jésus-Christ. Etonnez-vous après cela que des esprits supérieurs ne trouvent rien dans leur conscience pour soutenir une pareille folie ! Ils suivent la routine, se font une foi d'habitude avant de l'avoir raisonnée, puis la raison ne peut la défendre, parce qu'elle est contre nature.

L'enseignement de Jésus-Christ fut, je le répète, d'ordre instinctif. C'était la *loi du bien* perçue droitement par l'instinct, s'exerçant avec sûreté et s'affirmant par une série de tableaux et de préceptes de conscience, mais pas encore formulée nettement par la raison au moyen d'un correct enchaînement d'idées. Jésus-Christ était moraliste, non philosophe. Ce n'est pas lui qui a enseigné le dogme de la grâce, car il est contraire aux données naturelles de la conscience, ce fut Paul. Ce dernier était plus philosophe que Jésus-Christ, mais son esprit fut bien loin de s'élever à la hauteur du sien dans l'ordre moral. Il n'a donc pas pu saisir le vrai sens de la figure de Jésus-Christ. Il a produit ce qu'on peut appeler une maladroite *intellectualisation* de la doctrine morale instinctive du Christ, qui était juste. Ses efforts pour aller au-delà des enseignements de son Maître sautent aux yeux, son impuissance à le faire n'est pas moins évidente. Il aurait dû approfondir et préciser son antithèse du corps et de l'esprit, mais il n'a pas su le faire. Philosophe, il n'a rien produit d'utile dans l'ordre philosophique, sa faiblesse tâtonnante est remarquable et fait contraste avec la parole si sûre d'elle-même de Jésus-Christ. Elle prouve qu'il n'a pas du tout compris que le Christ fût le Messie de la loi de la conscience. Comme moraliste il n'a donc pu que vénérer Jésus-Christ et mal interpréter son sentiment. De là sa tendance à diviniser *l'homme* au lieu de s'inspirer des effets du pouvoir de sa conscience en vue de compléter ses intentions. La faute de Paul fut de s'appliquer à diriger la foi sur Jésus-Christ au lieu de comprendre qu'il ne fit qu'éveiller le sens moral des hommes et diriger leur foi vers le vrai Dieu. Elle fut ensuite épousée par l'Eglise qui, s'appuyant sur la foi doctrinaire des apôtres, au lieu de chercher à interpréter la foi essentiellement morale de Jésus-Christ, en vint à altérer complètement le sain enseignement du Maître.

La conscience des hommes supérieurs, inspirant leur raison, parle parfois son langage naturel et donne des principes qui sont contradictoires avec leur foi conventionnelle. La pensée suivante, qui aurait été fort utile à saint Paul en donne un exemple : « Quand on sent, dit M. Choisy, que derrière un homme il y a Dieu, *Dieu qu'on ne peut pas vaincre*, il faut bien finir par céder à Dieu et laisser la liberté à Dieu de parler par la voix et par la vie de ses enfants. » ([100]) C'est justement parce que Jésus-Christ a satisfait cette condition qu'il a pu s'appeler Fils de Dieu. Il a en effet révélé le Dieu qu'on ne peut pas vaincre, que chacun doit rechercher et se faire un devoir de rendre évident à la conscience des autres. Mais le faux Dieu qu'on lui a substitué et qui n'est défendu que par des dogmes humains *peut se vaincre*, car la conscience en dispose. Peut-être aurais-je plus tard l'occasion de le prouver par un autre genre d'arguments que ceux que j'expose ici. La preuve suffisante d'ailleurs qu'on peut le vaincre réside en ce fait que nul n'a le pouvoir de le soutenir contre l'ordre d'idées que la conscience est en état de lui opposer, tandis que le vrai Dieu, celui qu'on ne peut pas vaincre, est défendu par le même principe formulé en sens inverse : un matérialiste ne pourra nier Dieu *par une succession d'idées*, sans se montrer illogique. C'est dire ce qu'on peut faire de lui.

Voici encore un principe dont saint Paul aurait eu intérêt à se pénétrer en observant la figure de Jésus-Christ : « Ce sont les fortes consciences qui font les caractères indépendants, parce qu'elles vous rendent dépendants, mais dépendants de *Dieu seul*. Heureuses les nations, heureuses les Eglises riches en hommes de ce calibre, en hommes que l'on ne voit pas abjurer principes, opinions, programmes, entre les mains d'une *autorité quelconque* d'un parti ou d'une multitude. » ([100]) Il est évident que Paul n'a pas du tout compris Jésus-Christ, qui a également satisfait cette condition, car il n'a rien eu de plus pressé que d'effacer sa propre intelligence devant son autorité, mais sans savoir interpréter ses vues. C'est ce qui fait qu'il n'a plus pu parler de la doctrine du *Dieu seul* et qu'il a institué la foi *en* Jésus-Christ au lieu de se pénétrer de la foi *de* Jésus-Christ, ce qui aurait entièrement modifié le caractère de la morale chrétienne.

Rappelons-nous enfin de ce principe de M. Choisy qui confirme toute la théorie que j'expose : « *La conscience ne relève que de Dieu seul* » et par réciproque ne peut admettre qu'un seul Dieu. Son devoir est donc de s'appliquer à libérer les Églises de toute doctrine qui tendrait à faire dépendre la conscience de combinaisons capables de l'écarter de sa loi naturelle. Celle de la rédemption qui détourne l'esprit de l'étude du vrai Dieu et fait de celui-ci le ministre d'un second Dieu devenu principal aux yeux des hommes, parce qu'ils y voient une meilleure garantie de leurs intérêts, est de ce nombre. « *Aucune puissance n'équivaut à la présence du Dieu vivant dans une âme.* » ([99]) Donc aucune puissance ne pourra lutter contre celui qui, sachant se pénétrer de la loi du Dieu vivant — celui de la conscience, qui doit être le même pour tous et s'imposer à tous, — protestera contre celle d'un Dieu qui ne saurait être celui de l'âme à l'état naturel. L'esprit veut *comprendre,* en science comme en religion, c'est sa nature, donc son droit. Ce qu'il comprend très clairement c'est qu'il ne peut y avoir qu'un seul Dieu : *la Cause*, et jamais on ne lui fera entendre que ce Dieu ait manifesté le désir qu'on tourne ses regards vers un autre que lui-même. En soutenant cette thèse, on ne fait que désorienter l'intelligence et l'entraîner hors des limites de son devoir normal.

Nous ne connaissons pas Dieu comme nous voudrions le connaître, mais il est parfaitement *naturel*, puisque notre esprit, auquel personne ne pourra contester son caractère naturel, le crée par l'exercice de sa propre loi et que le jeu de nos idées nous annonce que nul ne peut le nier. Personne d'ailleurs ne doit le concevoir hors de ce qu'il est en réalité. Notre conscience nous fait connaître ce qu'il doit être, pour qu'il puisse être appelé le *Dieu de tous*, le seul que nous soyons en état de concevoir et de définir correctement. Ce n'est que par un exercice anormal des facultés de notre esprit que nous créons un Dieu ou une loi de Dieu autres que celui ou celle qu'il nous oblige de formuler pour nous conformer à ses vues. Un Dieu naturel est conciliable avec la conscience, tandis qu'un Dieu surnaturel ou la foi en une formule de l'absolu que nous ne pouvons défendre n'est qu'un faux effet de raison. La raison n'est pas en état de le soutenir, parce que la conscience dont elle dépend, je ne saurais assez le répéter, ne lui accorde pas les moyens de le faire. C'est ce qui prouve que bien que Dieu ne soit encore qu'imparfaitement connu, sa connaissance progressive est possible, quoique subordonnée à une condition que nous devons rechercher et remplir. Il n'y a du reste pas de plus grand obstacle à la connaissance ou à la découverte de la vraie loi de Dieu qu'une *foi aveugle* en une certaine formule des choses absolues créée par les hommes. Elle ne représente en effet que l'*absolutisme humain*, c'est-à-dire un foyer d'intransigeance et d'intolérance se mettant en travers de l'évolution naturelle que doit réaliser l'idée de Dieu. Le christianisme moderne qui s'appuie sur les notions d'amour et de charité ne s'en sert que pour tromper la vue de l'intelligence, puisqu'il ne les met pas du tout en pratique dans l'exercice de sa pensée. Il ne fait en réalité que se construire une loi absolue d'égoïstes portant préjudice à l'humanité parce qu'elle l'empêche de chercher son Dieu scientifique dont le Sauveur des hommes est la négation.

La doctrine du salut ne peut se soutenir ni en se basant sur la notion d'amour, puisque l'amour est en fin de compte l'effacement de soi-même et que l'amour d'un Sauveur n'est déterminé que par un sentiment intéressé : celui de la protection de soi-même — ni en se basant sur la volonté de Dieu, puisque nous avons en nous le principe de sa volonté selon la nature, disons le pouvoir de contrôler si telle volonté de Dieu qu'on cherche à lui imposer n'est qu'une fantaisie imaginée par certains hommes, ou réellement l'expression de sa loi selon la conscience. Cette doctrine n'est qu'une invention humaine fondée sur la peur de l'inconnu et sur l'ignorance où nous sommes quant à la vraie loi des choses présentes et à venir ou quant à leur rapport naturel. Si vous l'analysez de plus près vous trouverez que, basée sur un sentiment très naturel à l'esprit de l'homme, quoiqu'aussi injustifiable que l'égoïsme, elle n'a été soutenue par l'Église que parce qu'elle y voyait un moyen pratique de défendre ses propres intérêts. Elle a en effet toujours eu une tendance à se faire passer pour le seul avocat du vrai Dieu et pour le dispensateur patenté de ses indulgences : Obéissez à la doctrine que je vous enseigne et vous serez sauvés ; le salut selon l'Eglise est cela. L'esprit de Jésus-Christ était au contraire : Obéissez à la conscience, loi vivante de Dieu, et vous aurez le sort du juste. Il n'a institué aucune religion, mais il révéla le principe sur lequel devrait se fonder toute religion.

Il n'y a donc aucun moyen de soutenir la doctrine de la rédemption en dehors des explosions d'enthousiasme qu'on substitue au langage de la vérité. Ce qui est contraire aux données naturelles de la conscience, Jésus-Christ n'a pu l'enseigner. S'il l'avait fait, cela suffirait pour le faire condamner. Etudiez bien sincèrement son enseignement à un autre point de vue que celui où vous vous placez et vous trouverez qu'on peut interpréter toutes ses pensées différemment que les hommes ne l'ont fait jusqu'à présent, car la Croix n'est, en dernière analyse, que l'emblème du sacrifice qui, bien compris et appliqué à soi-même, devait sauver les hommes. Mais ces derniers, gens pratiques, ont pensé que la Croix était un moyen que le bon Dieu leur avait envoyé, dans sa haute sagesse, afin qu'ils puissent se tirer d'affaire quand même ils n'auraient pas accompli leur devoir.

L'idée de justice n'exclut pas complètement celle de grâce, mais elle la place dans sa condition naturelle et la rend compréhensible pour tout le monde. Il est impossible d'admettre que la grâce émane d'une autre source que celle de Dieu et, en instituant le principe de la rédemption, on recourt à un artifice pieux au moyen duquel on fait supposer que le pouvoir de gracier dépend d'une cause extérieure à Dieu, révélée par lui-même. En agissant ainsi on place dans le Sauveur qu'on se crée une bonté faisant contrepoids à la cruauté de Dieu, ce qui est absurde et vous oblige à croire qu'on n'obtiendra pas le même résultat en s'adressant à lui directement. Si Dieu en effet pouvait remplacer le Sauveur, on ne comprendrait plus pourquoi l'on en aurait besoin. Si l'obtention de la grâce n'est que le résultat d'une prédisposition psychique normale et non pas une récompense, *parce qu'on s'est adressé à un pouvoir extérieur à Dieu*, on ne saisit pas pourquoi les hommes seraient tenus de faire un détour pour parvenir à leurs fins, ni en vertu de quoi leur état psychique normal ne devrait pas être jugé digne de la bonté de Dieu? En d'autres termes, l'utilité d'un Sauveur entre Dieu et une conscience qui satisfait sa loi selon Dieu est tout-à-fait incompréhensible. Dieu exige une certaine réparation des torts, c'est là un fait que notre conscience confirme, la rédemption ne signifierait plus rien en dehors de ce principe. Mais celle-ci est une combinaison humaine qui conditionne le caractère de cette réparation et affirme qu'elle ne peut être faite que d'une certaine manière dont elle donne la formule : on ne peut aller à Dieu qu'en passant par le Sauveur institué par la religion chrétienne. Lorsqu'on examine l'esprit de cette formule, on trouve qu'elle n'a pas d'autre but que de *faciliter la réparation* à ses fidèles. On peut cependant lui objecter que lorsqu'on facilite la réparation à la conscience en l'alléchant avec des appâts extérieurs à son principe, *on la trompe sur sa propre loi* qui exige avant tout qu'on soit *juste* contre soi-même. Être juste ne signifie pas seulement reconnaître ses torts et même les *exagérer* en vue d'obtenir son pardon par de faciles effets d'humilité, mais se montrer disposé à les réparer sérieusement en ayant le courage de payer de sa personne. Or c'est justement ce genre de réparation qu'on se propose d'adoucir en inspirant aux gens le culte de la doctrine de la grâce.

On parvient aussi sans trop de peine à ses fins, car le fidèle incline plus volontiers du côté de la doctrine du salut que du côté de la notion de justice. La première offre en effet plus de garanties et de facilités, lorsqu'on en a la foi, puisqu'on peut s'avantager avec un peu d'amour et de soumission, tandis que la seconde entraîne des obligations bien plus sérieuses et plus gênantes pour l'esprit.

Mais savez-vous si Dieu ne dit pas : je n'accorde ma grâce qu'à ceux qui sont *justes*, et je ne reconnais qu'à moi seul le droit de décider si les hommes qui se présentent devant mon tribunal se trouvent dans l'état psychique normal que je leur impose ? Pouvez-vous d'ailleurs supposer que la bonté de Dieu refusera la grâce à celui qu'il reconnaîtra juste dans son âme et conscience. C'est donc le sens de la justice que vous devez fortifier chez les hommes, si vous voulez vraiment leur être utile. Quant à la grâce, elle ne dépend que de Dieu et nul ne peut altérer le sens de ce principe. Celui qui en disposera, sous n'importe quel prétexte, prouvera qu'il ne sait pas ce qu'est la justice naturelle. Cela le mettra hors de cause devant la conscience, car celle-ci n'admettra jamais les *réparations combinées* pour échapper à la loi de Dieu.

Il résulte de ces diverses considérations, et de beaucoup d'autres au moyen desquelles on pourrait les compléter, que la loi d'ordre dans la nature dépend du contrôle de notre conscience et que la *théorie de la grâce* ne peut se concevoir et se définir qu'à la seule condition qu'on la rapporte au principe du *Dieu seul*. Aussitôt qu'on cherche à la faire dépendre de la *personne* d'un Sauveur elle devient incompréhensible. Ce qui la condamne dans ce cas, c'est que nous pouvons concevoir la grâce d'une autre façon qui est plus juste. La loi de nos idées s'oppose donc formellement à ce qu'on puisse soutenir le dogme du salut par la rédemption, envisagée comme effet du sacrifice matériel de la Croix. Ce seul fait suffit à prouver qu'il n'a jamais été dans les intentions de Dieu de révéler cette doctrine aux hommes. Toute doctrine qui est vraiment conforme à la loi de Dieu doit être compréhensible. C'est bien le moins que les ordres de Dieu soient de telle nature que la raison des hommes ne puisse les contester! — La partie de l'enseignement de Jésus-Christ qui était vraiment conforme à la loi de Dieu, selon la conscience, s'impose à tous. Ce qui fait son mérite est sa *clarté* et son *universalité*. Il faut que la théorie de la grâce prenne aussi une forme universelle ou elle ne sera pas, car, telle qu'elle existe aujourd'hui, elle n'est qu'un produit de l'aveuglement qui est prédestiné à périr devant les progrès de l'intelligence.

C'est à nous qu'il appartient d'organiser l'idée de grâce de manière à ce qu'elle prenne un caractère universel et devienne une source de consolation pour les malheureux. Mais cela ne pourra se faire qu'à la condition qu'elle ne se montre pas contradictoire avec l'idée de justice, qui est le lot de l'intelligence. On ne parviendra à ce résultat que par l'étude, et celle-ci nous ouvrira des horizons nouveaux bien supérieurs à ceux qui peuvent émaner d'une doctrine au moyen de laquelle on écrase actuellement l'esprit de l'homme. La plate et ignorante adoration de Jésus-Christ et de Dieu a fait son temps, le moment est venu de travailler et de se mettre à l'œuvre en vue d'élever la religion et la morale au niveau des progrès de la science. Il y a tout lieu de croire que la création d'un Dieu plus intelligent que celui qu'on nous offre aujourd'hui n'arrêtera pas le développement des bons sentiments et de l'amour. Ou bien les hommes seraient-ils prédestinés à n'avoir de l'amour que pour le Dieu de leur foi *personnelle ?* Dans ce cas il vaudra mieux ne pas parler de *charité chrétienne* et il sera fort difficile de s'entendre. Jésus-Christ n'a pas dit si l'on avait *ma foi*, mais *la foi !* Or je ne puis pas me prononcer sur *votre salut* avec *ma foi*, car Dieu m'oblige pour le faire d'avoir *la foi*, dans de telles conditions qu'elle puisse s'imposer à tous. La foi des égoïstes est celle des gens sans conscience qui ne la cultivent que pour eux-mêmes.

Quelles sont les conséquences de l'institution du dogme de la rédemption ? Elle implique la nécessité d'imposer à l'esprit *un ordre d'idées toujours logique avec un faux principe et par conséquent illogique avec les données naturelles de la conscience.* Cet ordre d'idées devient ainsi une règle de conduite de conscience dont on se fait un devoir absolu, bien qu'elle soit en réalité une des pires sources d'immoralité qu'on puisse rencontrer, puisqu'elle régit tous les devoirs relatifs et les fait converger vers un but injustifiable.

Du moment où l'on fait de la grâce le but d'une foi intéressée qu'on place au-dessus de tout, tous les éléments de la pensée tendent naturellement à démontrer ce qui ne peut l'être, savoir que cette foi est la seule vraie et la seule bonne, que c'est bien Jésus-Christ qui l'a instituée et qu'il doit être écouté en qualité de Messie d'une loi de Dieu qu'on proclame soi-même. C'est ainsi qu'on arrive à faire la loi avec un ensemble de moyens illégitimes et à perdre complètement de vue le sens de la doctrine du Christ auquel on substitue celui de la doctrine des hommes qui le jugent. Il est parfaitement évident que lorsqu'on a établi que Jésus-Christ est un Sauveur on se montrerait contradictoire avec soi-même si l'on enseignait aux gens qu'ils peuvent s'en passer. L'Église qui crée un dogme général a un intérêt immense à établir qu'il est le fondement de toute morale et de toute religion. Mais ce qu'il y a de remarquable, dans le cas qui nous occupe, c'est que le dogme de la rédemption conduit fatalement à la négation du sens moral dans l'esprit de l'homme, car, pour l'amener à comprendre la nécessité d'un Sauveur, on est obligé de l'avilir à ses propres yeux et de l'entretenir dans l'inconscience de ce qu'il peut faire. Si vous éveillez en lui le sens de la pleine responsabilité personnelle, vous ne pouvez plus soutenir le dogme de la grâce et si vous défendez cette doctrine vous êtes conduits à ne voir en l'homme que le mal et non la loi du bien ou celle de la conscience qui le gouverne. C'est donc nier la loi vivante de Dieu en nous au profit de la notion d'un Sauveur qui n'aurait aucune raison d'être si l'on ne déclarait pas l'homme incapable de faire le bien par lui-même. Or cette affirmation est une monstruosité dans l'ordre moral et la plus honteuse injure qu'il soit possible d'adresser à l'intelligence, en se faisant soi-même arbitre et juge de la volonté de Dieu, ou se prenant comme mesure de sa loi. Il est clair que celui qui se reconnait incapable de faire le bien ne saurait être bon juge, ni faire de son opinion une loi générale, car il y a toujours de par le monde des gens qui lui sont supérieurs en sens moral et en intelligence. Il n'a pas le droit de les apprécier avec les faibles moyens dont il dispose, et qui ne peuvent pas servir de pierre de touche pour évaluer ce dont l'esprit des autres est susceptible.

Les moyens que la religion qui soutient la doctrine de la rédemption met en œuvre pour organiser, développer ou soutenir la foi des fidèles sont tous en rapport avec ce principe que la loi de *son* Evangile doit dominer celle de la conscience. Elle sacrifie donc l'étude des données de la *morale naturelle* au profit de la morale d'adoration *en vue d'obtenir une récompense*. Partant de là elle ne voit dans l'Evangile que le moyen de prouver le caractère surnaturel de Jésus-Christ, quoique homme, et ne s'en sert que pour établir sans cesse à nouveau, ce dont aucun fidèle ne doute : son incomparable supériorité sur les hommes, à tous les points de vue. Diviniser Jésus-Christ en sa qualité de Sauveur des hommes devient l'unique préoccupation de ceux qui pensent que Dieu ne l'a envoyé sur la terre que pour être ce qu'ils en font et que la morale consiste à obéir à la volonté qu'ils lui prêtent. Ce qu'on appelle l'Evangile-*lumière* ne devient plus, dans cet ordre d'idées, ainsi que je l'ai dit, que l'assise fondamentale de ce qu'on nomme l'Evangile-*grâce* qui fut inventé par les hommes et le seul qu'ils aient intérêt à soutenir. Le premier ne sert alors qu'à prouver le second, mais nullement à éclairer les fidèles en leur apprenant, ainsi que le fit Jésus-Christ, à écouter la voix de leur conscience et à suivre l'impulsion qu'elle leur donnerait s'ils lui accordaient plus d'attention. On leur enseigne au contraire qu'ils sont trop misérables pour pouvoir suivre son exemple. Tous les préceptes de conscience de Jésus-Christ ne sont par conséquent utilisés qu'en vue de faire briller les mérites de sa personne et d'affaiblir en proportion le sens naturel du bien chez ceux qui le jugent. Le principal est de prouver toujours mieux qu'il n'est venu parmi nous que pour nous tirer de notre état de perversion et pour nous délivrer des affreuses choses qui l'attendraient sans lui dans l'avenir. On ne peut d'ailleurs profiter des avantages qu'il offre au genre humain qu'à la seule condition d'avoir la foi chrétienne qui consiste à accepter aveuglément tout ce qu'on vous apprend sur son compte. La mission de Jésus-Christ fut surtout de stimuler le sens du bien chez les hommes et ceux-ci ont trouvé qu'ils n'ont besoin de lui que parce que leur conscience, engloutie dans le mal, n'a aucun pouvoir par elle-même. Et il faut croire cela pour avoir la foi chrétienne. Toute l'orthodoxie roule sur ce principe. Elle est donc la négation de la conscience au nom de la charité, envisagée comme attribut spécial d'une idole dont on organise les pouvoirs en faveur de ceux qu'on déclare impuissants à suivre son exemple. C'est monstrueux. Si elle disait aux gens qu'ils sont parfaitement en état d'imiter Jésus-Christ, qu'ils n'ont pour cela qu'à vouloir et à s'inspirer de leur conscience elle travaillerait contre l'Evangile-grâce, or c'est là ce qui ne saurait en aucun cas lui convenir, cela est bien évident. La charité cependant ne consiste pas seulement à faire le bien de l'humanité à un certain point de vue personnel, mais plutôt de telle façon que chacun puisse le regarder comme étant le bien. C'est la formule de la charité *dans l'ordre de l'idée* qui doit se concilier avec la charité *instinctive*, ou celle du cœur, qui en fut le germe et dont

Jésus-Christ chercha à faire comprendre la nécessité aux hommes.

Il est certain qu'avec ce système de peinture d'une idole en raison des services qu'on en attend et qu'à force d'abaisser l'homme à ses propres yeux on facilite singulièrement l'amour et la foi en celui qu'on déclare indispensable. L'humilité devant le Sauveur devient une condition d'existence morale. Le malheur est que ce résultat ne peut se prendre qu'aux dépens du pouvoir de réaction sur soi-même qui est ce que l'homme a en lui de plus noble. On parvient sans beaucoup de peine à illusionner la conscience sur ses véritables intérêts absolus, en la flattant et stimulant ses espérances. Mais que devient alors la loi vivante de Dieu dans cette créature qu'on avilit à plaisir et à laquelle on enlève tout moyen de défense ? On l'oblige à se croire perdue et à s'accrocher comme un naufragé à la planche de salut qu'on lui tend. C'est ainsi que la morale égoïste de la conservation individuelle parvient à triompher sur la morale impersonnelle ou de relation qui est celle de la conscience. Ce résultat s'obtient à la plus grande gloire de Jésus-

Christ sans doute, mais certainement pas à celle de la conscience de l'homme. On vous invite à ne pas faire *le mal en vue du bien*, au moment même où l'on commet une immoralité afin de défendre ce qu'on appelle *le bien*, d'après la vue bornée de sa propre intelligence.

Il faut que la forme de l'obligation soit logique, nul ne saurait le contester. Si la grâce s'impose à la conscience vous devez renier l'autorité de cette dernière ; et dans le cas contraire vous ne pouvez plus soutenir le dogme de la rédemption car aussitôt que la conscience se voit en état de le juger et de le dominer, de par sa propre force, elle peut s'en passer. La pratique nous prouve qu'il ne s'impose pas comme une nécessité à notre esprit car celui-ci tend au contraire de jour en jour à s'en émanciper. Il n'en est pas de même de la *logique*, qui s'affirme toujours mieux comme loi de conscience capable d'obliger la raison à formuler des principes inattaquables ou à renier ses droits à imposer des idées. Que celui qui croira qu'on puisse concilier la théorie du Sauveur des hommes avec le principe de la justice selon la conscience universelle essaie de le faire. Il fera l'expérience des limites entre lesquelles la nature lui permet d'exercer normalement la loi de ses idées. La logique naturelle lui répondra en tenant compte de toutes les données intellectuelles et sentimentales de l'esprit de l'homme qu'elle mettra en rapport de loi de manière à satisfaire la conscience. Il ne pourra la combattre, de son côté, qu'en se basant sur les vertus du sentiment dont il se donnera — lui, qui se déclare humble pécheur et être déchu — pour le révélateur et dispensateur selon la volonté de Dieu, contre les droits de l'intelligence qu'il a intérêt à ne pas reconnaître.

La logique du sectaire sentimental ne sort jamais du régime des exclamations enthousiastes ou méprisantes qui lui aident à donner le change sur son impuissance à coordonner ses idées. Cet esclave du péché se transformant tout à coup en sublime avocat de la vertu, ne conviendra pas facilement que c'est par misère intellectuelle qu'il glorifie les choses du sentiment et déprécie la raison qui se fait un devoir de trouver quelque chose de mieux que les banalités morales au moyen desquelles il défend la loi de Dieu. La logique intellectuelle comprend les choses bien autrement :

Elle s'impose le devoir d'être correctement concluante et en fait une obligation à tous. Or, nul ne peut conclure lors qu'il se borne à admirer ce qu'il aime et à jeter l'anathème contre ceux dont les goûts sont différents du sien. La foi *normale* est absolue et s'impose comme telle, étant l'expression naturelle de la loi de Dieu. Elle tend vers un but qui doit se réaliser progressivement par le concours de toutes les intelligences, personne ne peut la contredire. Au contraire, la formule de la foi, *qui ne peut être de tous*, n'est qu'un *goût personnel* ou un mode de voir relatif défendu par l'entêtement mais qui ne peut l'être par la logique : Elle ne tiendra jamais à la discussion car elle ne vit qu'à force de se mirer dans la glace de sa fausse conscience et de se trouver belle.

Le fond de la question qui nous préoccupe consiste donc à savoir si l'homme *peut* ou ne *peut pas* justifier le principe de la grâce que quelques-uns mettent à la base de leur foi et donnent pour l'expression de la loi de Dieu. C'est à cela qu'on reconnaîtra l'origine de ce principe, comme l'arbre à ses fruits. La justice, la vérité, la charité sont des formes intellectuelles de la morale de relation à base instinctive que la logique confirme et peut imposer à tous parce qu'elles sont inhérentes à l'esprit de l'homme. Pourquoi la grâce ne serait-elle pas dans le même cas ? Ses défenseurs se laisseront-ils dire que c'est parce qu'elle est basée sur l'égoïsme et qu'on ne construit pas la loi de Dieu avec des vues personnelles ? La conscience, que la rédemption cherche à dominer par l'intérêt, en faisant miroiter à ses yeux de belles chances d'avenir, comprenant mieux sa loi qu'elle ne lui permet pas de s'organiser en vérité. Elle lui répond tout simplement qu'il est fort différent de se donner *pour la vérité* ou de se définir *comme vérité*, ce qui ne peut pas se faire sans son aide. Et « l'œil intérieur » veille au poste. Essayez de contredire ce principe et vous verrez pratiquement où cela vous conduira.

L'état de faits qui précède prouve suffisamment que la conscience, loi fatale, sait parfaitement où elle va, bien que la raison ne s'en doute pas. Elle ne se laisse pas plus abuser lorsqu'il s'agit des choses de Dieu que quand le matérialisme s'exerce à lui faire passer ses hautes fantaisies pour de la science. Il y a sans doute de bonnes intentions partout, mais fausse religion ou fausse science se valent devant Dieu qui a donné à l'homme le moyen de ne pas s'écarter de sa ligne de conduite normale absolue et ne permet à personne d'instituer la vérité sans payer régulièrement son tribut à la conscience. Les hommes ne s'en sont pas encore aperçu, mais le moment est venu d'y prendre garde. On ne tardera pas à comprendre qu'on n'a pas le droit de s'appuyer sur le *devoir moral* pour empêcher l'humanité, sous prétexte de religion, d'accomplir ses devoirs intellectuels en ce qui concerne l'investigation de l'idée de Dieu qui ne lui est pas moins utile que celle des lois de la nature.

S'il y a des sots qui s'appuyent sur le sentiment pour faire la guerre à l'intelligence scientifique, soyez bien certains, mes amis, que ce ne sont pas eux que Dieu a prédestinés à éclairer l'humanité sur son avenir !

Le Bien et le Mal.

« Croyez-vous, mes frères, dit M. Choisy, au futur règne du bien? Je sais que vous y croyez. Mais si le mal est un agent nécessaire du bien, une variété du bien, comprenez qu'alors le mal est éternel, et le règne absolu, incontesté du bien, une vaine chimère! Quant à moi, je crois de toute mon âme au progrès, au triomphe du bien par le bien, et, s'il a tant tardé, ce triomphe, c'est précisément parce que le bien n'a pas assez séparé sa cause de celle du mal. *La* conscience, votre conscience à tous n'admet pas que le mal soit nécessaire ni éternel, elle signifie au mal son arrêt : « *Tu mourras de mort.* » La conscience croit au bien pur, c'est-à-dire à Dieu, elle veut le bien pour le bien et *par le bien*. . . . . La conscience a horreur des doctrines qui entameraient ou obscurciraient son autorité *(trèsbien)!*[1], elle les dénonce aux hommes et à Dieu, elle condamne irrévocablement le fatalisme dans toutes ses branches et sous toutes ses formes. Nul n'est pour elle fatalement obligé d'user du mal et nul ne saurait impunément affronter son courroux. »([36])

Que d'excellentes intentions, mais combien d'illusions et d'inconséquences dans ce qu'on vient de lire ! M. Choisy pense-t-il que tout le monde soit tenu d'approuver ce qu'il avance lorsqu'il parle de *la* conscience qui lui crée des devoirs et qui est le principe des principes en matière morale ? S'il en était ainsi, il aurait atteint le maximum du *bien* qu'un homme puisse réaliser lorsqu'il prêche la morale aux autres. Mais tout ce qui peut être condamné par la conscience collective, comme infraction à la loi vitale du bien, n'est-il pas une immoralité dans le vrai sens du mot ? Cette immoralité pourra être inconsciente pour celui qui la commet, mais parfaitement consciente pour d'autres, elle sera donc le *mal* pour ceux qui l'apprécient. Et une fois qu'on aura fait reconnaître ses torts, à celui qui se déclare respon-

---

[1] L'auteur.

sable, pourra-t-il encore soutenir que nul n'est fatalement obligé de passer par le *mal* pour parvenir au *bien* selon la nature? On lui répondrait qu'il n'avait alors qu'à prouver ce qu'il avance en créant le bien tout de suite, sans recourir au mal qu'on lui reproche et qu'il vient de constater honnêtement. Pourquoi n'a-t-il pas fait parler sa sagesse avant qu'on la lui inculquât en lui rendant ses erreurs évidentes? Ne commet-on pas une immoralité lorsqu'on dit que la conscience a horreur des doctrines qui tendent à obscurcir son autorité et qu'on recourt aux procédés les plus inavouables pour la subordonner à l'Evangile de sa foi personnelle? Moralistes, cherchez à introduire le sens moral dans vos idées, c'est ainsi que vous prouverez le mieux à la conscience que le mal qu'elle condamne n'est pas nécessaire et que vous pouvez vous en passer. Jusque-là vous continuerez à enseigner une morale que vos actes contredisent ; une théorie contradictoire avec les faits et qu'il est impossible de comprendre ou d'appliquer.

La morale et la science ne progressent-elles pas grâce à ce que le mieux peut toujours s'imposer à celui qui estime être le vrai représentant du bien ? Et le rapport nécessaire du bien au mieux n'est-il pas le mal qui sépare deux intelligences, le mal sans lequel aucune théorie morale ne peut se concevoir ? Le mal inconscient devenu conscient et par conséquent réparé n'est-il pas la loi de fait, sur laquelle repose tout le progrès de l'humanité ? Qu'est-ce que le règne du bien pur séparé du mal, sinon celui de Dieu et que Dieu seul peut connaître ? Et vous voudriez que toutes les créatures fussent égales à Dieu ? Expliquez-nous comment cette idée pourrait se réaliser, précisez ce monde chimérique. En attendant, tâchons de rester consciencieusement hommes et de nous dire que tant que nous ne pourrons nous définir semblables à Dieu il y aura du mal et que ce mal, en bonne logique, doit être éternel. Vouloir le tuer, *en principe*, par un noble élan d'indignation contre ce qui vous déplait, ou par enthousiasme pour le bien, serait absurde, car Dieu pense peut-être que le mal est une loi inhérente à l'ignorance et nécessaire au progrès des êtres, aussi inséparable de l'humanité que la raison l'est de la conscience.

Vous révolter contre la nécessité du mal,

c'est vous insurger contre une loi de Dieu que vous ne connaissez pas. C'est jouer le rôle du microbe appréciant le monde, fort indigné qu'il ne soit pas comme il voudrait qu'il fût ou comme il aurait dû être si on l'avait consulté. Commencez au moins par faire preuve d'intelligence en nous définissant, sinon le royaume du bien pur, du moins en quoi consiste ce mal que *vous voulez tuer*. Il sera intéressant de voir la portée de vos vues et comment elles pourront se concilier avec cette hypothèse que Dieu n'aperçoit dans le mal qu'une loi d'ordre relative, une simple loi d'expérience ou d'épreuve dans laquelle chacun doit être — pour son propre bien — à la fois acteur involontaire et spectateur conscient. Il serait donc curieux d'apprendre comment le monde pourrait marcher sans elle ? Est-ce trop vous demander que de vous prier de donner une forme compréhensible à vos pensées, car l'esprit de l'homme ne saisit les choses *hors des faits* que sur une exposition d'idées intelligible et il n'est pas naturellement prédisposé à concevoir un tableau, moral ou autre, sans *ombres* et sans lumière ?

La conscience me semble du reste avoir

quelque chose de mieux à faire qu'à décréter l'arrêt de mort du mal : c'est d'observer son propre rôle en face de lui. Elle fera bien de se convaincre tout d'abord qu'elle ne doit pas le juger indigne d'une pensée de Dieu sur laquelle elle n'a pas à se prononcer, car il serait ridicule qu'un ignorant prît sa propre sagesse pour mesure de la sienne. Son devoir ensuite est de conformer ses vues aux circonstances et de rechercher la pensée de Dieu en tenant compte des faits tels qu'ils sont, et sans autre jugement *à priori* que celui qui consiste à envisager les choses comme étant pour le mieux dans le monde et les hommes comme des aveugles qui ne savent pas les apprécier. Elle ne correspondra d'ailleurs jamais mieux à cette pensée qu'en séparant judicieusement sa propre cause, qui est celle du bien, de celle du mal dont elle souffre ou qui l'environne. Ce sera le *commencement* du triomphe du bien *par le bien* tendant au mieux et se fortifiant par la connaissance de sa propre loi, loi fatale, que la raison doit défendre comme étant celle du bien, fondement absolu de toute science morale. Une conscience qui s'affirme énergiquement en raison de ce qu'elle est, *n'est pas le mal.* Elle aspire donc avec bon droit à ce qu'on ne la confonde pas avec la notion du mal qu'elle a le pouvoir de dominer en sa qualité de *loi vivante de Dieu* !

Après avoir assuré ses positions en déclarant ce qu'elle entend qu'on fasse d'elle, tout en offrant à ses adversaires des moyens réguliers de combat, le premier devoir de la conscience est d'éclaircir sa situation en protestant de la manière la plus formelle contre ceux qui portent atteinte à son autorité — parce qu'elle sait qu'il faut les dénoncer à Dieu et aux hommes. Or est-il possible de comploter plus cyniquement contre l'autorité de la conscience envisagée comme *loi du bien dominant le mal*, qu'en lui enseignant que l'homme est un être dégradé, irrémédiablement déchu, victime prédestinée du péché ineffaçable, contre lequel rien en lui ne peut lutter? Si ce n'était par égard pour des hommes que je dois envisager comme des êtres inconscients, je dirais que c'est là la pire des immoralités qu'on puisse commettre à cause de l'immense préjudice que l'individu, plaçant follement sa propre responsabilité à l'abri de Dieu, cause à la foule. En proclamant que l'homme est un pécheur sans espoir parce qu'un *seul homme* a commis une faute et qu'il n'est rien en lui-même parce qu'il dépend du *seul homme* qui puisse le sauver, ou stérilise en lui la loi vivante de Dieu, on le transforme en automate d'église, en bon disciple d'un clergé qui a intérêt à l'entretenir dans l'ignorance du pouvoir de sa conscience. On écarte ainsi, à cause de l'avantage qu'on trouve à soutenir un dogme qu'elle condamnerait — si on laissait sa raison libre d'agir — sa vue intellectuelle de la seule force qui pourrait le faire progresser normalement dans la voie du bien par le bien. On en fait l'ennemi juré de la *conscience naturelle!*

Comment faut-il interpréter la pensée de celui qui s'écrie avec Rousseau : « Conscience! conscience! instinct divin! immortelle et céleste voix, guide assuré d'un être ignorant et borné, mais intelligent et libre, juge infaillible du bien et du mal, tu rends l'homme semblable à Dieu! » ([23]) et qui n'en invite pas moins sans cesse les hommes à adresser à Dieu une confession des péchés détruisant complètement en eux le sens de la loi divine qui anime leur conscience : — nous ne sommes que de pauvres pécheurs, conçus et nés dans le péché et la corruption, enclins au mal, incapables par nous-mêmes de faire le bien, et qui transgressons chaque jour tes saints commandements, ce qui fait que nous attirons sur nous par ton juste jugement la condamnation et la mort...... mais recourant humblement à ta grâce, nous te supplions d'avoir pitié de nous et de subvenir à notre misère. . . . . ?

Et la conscience, qu'en fait-on dans cet appel à Dieu ? On l'oublie, mais elle proteste et dit à l'homme : *aide toi, le ciel t'aidera*, commence par être juste et sache prier Dieu qu'il t'aide à connaître toujours mieux la loi du bien qui est en toi et que tu déclares être l'expression vivante de la sienne. Cela te sera plus utile que de l'aveugler continuellement avec des formules qui furent une création de l'ignorance, inconsciente de la force qui l'anime. Tu associeras ainsi ton légitime désir de sortir du chaos moral où tu te trouves avec l'intelligence qui, seule, peut te seconder dans cette œuvre. En faisant de l'humble recours à la grâce du Seigneur une méthode, on oublie trop facilement l'effort de réaction sur soi-même qu'on doit à Dieu et l'on n'aboutit qu'à consolider toujours mieux les dogmes insensés que nos ancêtres instituèrent sans comprendre, espérons-le, qu'ils sont le plus perfide ennemi de la conscience parce qu'ils ne font que la tromper sur son pouvoir et éteindre son intelligence pour la dominer plus commodément.

Observons du reste l'étonnante contradiction des théoriciens du salut. Ils parlent avec conviction de la *dignité* de l'homme lorsqu'ils s'adressent à une science qui ne veut rien savoir de leurs vues enfantines sur l'idée de Dieu et se fondent ensuite sur son *indignité* pour soutenir leurs formules lorsqu'ils s'appliquent à fortifier la foi de leurs fidèles. « *Partout on croit à la dignité de l'homme:* voilà le principe. » (⁴⁹) Alors pourquoi n'avez-vous des yeux que pour voir son indignité quand vous travaillez sur la conscience des honnêtes convertis qui croient en Dieu ? L'homme qui croit en Dieu aurait-il moins de dignité que celui qui le nie ? Pensez-vous que ce pécheur que vous noircissez à plaisir, afin de mieux mettre en lumière vos choses saintes, ne croie en Dieu qu'à cause des frayeurs que vous provoquez en lui en ce qui concerne son avenir ? N'y a-t-il rien dans son for intérieur qui l'invite à faire le bien pour le seul plaisir de le faire et en dehors de toute considération relative à son bonheur futur ? Si vous niez ce fait, qui est le vrai fondement de toute morale, vous ne savez pas ce qu'est la loi de Dieu ou le sens du devoir dans l'esprit de l'homme et vous n'avez pas qualité pour le conduire. Si vous le reconaissez, vous êtes inexcusable en ne fondant pas le principe de moralisation des hommes sur la voix de la conscience, loi du bien, que Dieu a placée en eux afin qu'ils puissent le connaître et accomplir sa volonté par le seul exercice de la tendance impersonnelle qu'elle représente.

Ces malheureux fidèles, *semblables à Dieu*, mais stupidement embourbés dans le mal, étourdis par des doctrines qui ne leur apprennent à voir en eux que la bête — dont la principale vertu est l'obéissance — ainsi que le sort fatal qui l'attend parce qu'elle ne peut la réaliser, puis à concentrer leur âme sur une idole qui doit les sauver, vu qu'ils ne pourraient le faire par eux-mêmes, ne représentent-ils pas le tableau de piété le plus dérisoire que l'humanité ait jamais adressé à la conscience, et à Dieu sous prétexte de faire sa volonté sainte ? Il n'y a, je le répète, que l'inconscience obstinée, et fuyant la raison pour ne pas se compromettre, qui puisse excuser un pareil état de choses. Mais assez maintenant, si vous croyez qu'on peut enseigner la loi de Dieu au nom du sentiment qu'on révolte contre l'intelligence, s'il ne vous plait pas d'observer correctement la loi du bien dans le monde on vous la fera comprendre en frappant votre conscience d'un mot qui l'éveillera : *immoralité!* Ce mot est souverain en effet et domine tout, même les miracles, il se joue du surnaturel car il dégage l'intelligence et l'oblige à justifier, avant toutes choses, ce qu'il faut entendre par *moralité* et *immoralité* selon Dieu. Et lorsqu'on a mis le pied sur ce terrain on se trouve tout naturellement poussé dans le chemin de la vérité qui concilie toutes les tendances des hommes. Quand la science commencera à comprendre sa méthode, celle du piétisme vivant de terre à terre pour monter aux cieux sera sur son déclin, mais le sens moral de l'humanité n'en sera que plus vigoureux et l'idée de Dieu plus grande. Plus on refoule la conscience de l'homme plus son idée de Dieu est mesquine et impuissante à chercher sa vraie loi selon la nature, loi *qui doit être claire pour tous et s'appliquer à tout.*

Que pourrait être la loi du *bien*, sinon celle de la conscience, foyer vital de la loi de Dieu? C'est ce que personne ne saurait nier. Mais les consciences, quoique représentant indistinctement la même loi, ne sont pas toutes de la même force. Cependant comme la loi de Dieu ne peut être contradictoire avec elle-même et se retrouve partout dans les mêmes conditions elle oblige les forts et les faibles à s'entendre en vue de réaliser le bien selon la nature, en partant d'un même principe. C'est le même sens du devoir et l'obligation de justifier leur ligne de conduite qui les pousse les unes comme les autres par le même chemin vers le même but. Comme l'homme ne peut pas plus se montrer contradictoire avec lui-même que la loi de Dieu qu'il représente, il est bien forcé de comprendre ses erreurs ou ses fautes et de faire des concessions à autrui jusqu'à ce qu'il ait pu atteindre le point de logique nécessaire au moyen duquel il saura prouver qu'il se trouve bien dans sa voie naturelle et que ce sont les autres qui doivent se soumettre à ses vues. Si les choses ne se passaient pas de cette manière, la loi morale serait sans boussole et livrée aux mains des moralistes autoritaires qui engagent les gens à faire leur devoir, selon leur point de vue personnel, sans se soucier d'observer la nécessité de le modifier à mesure que la conscience collective s'émancipe. Tous ont le sentiment du devoir, mais l'homme supérieur l'envisage tout autrement que l'homme vulgaire et chacun est tenu de justifier le bien fondé de sa manière de voir. C'est dans cet exercice qu'on reconnaît s'il défend des vues individuelles ou s'il recherche sincèrement la loi du bien pour elle-même. Dans le premier cas sa conscience ne lui permet pas d'être logique et dans le second elle vivifie ses idées du souffle de l'impersonnalité qui n'est jamais illogique. On voit que la loi qui doit unifier les consciences à tous les degrés est réglée *par la conscience même* et qu'il suffit de s'en rapporter sincèrement à elle pour parvenir à créer le bien, *formulé comme il doit l'être*, au double point de vue sentimental et scientifique qui ne peuvent se supposer l'un sans l'autre.

Que faut-il entendre par le *mal?* — Il est ce qui vous déplaît parce qu'on ne sait pas voir plus loin ou mieux et parce qu'on se sent supérieur à ce qu'on juge. Il est un fait universel de perception qui a deux sources: dans son sens général il est un effet des lois de la matière dont les tendances influent notre esprit contrairement à ses aspirations naturelles absolues, et, dans l'ordre intellectuel et moral, il est un effet de la faiblesse de notre jugement qui ne peut pas saisir directement la loi des choses mais trouve cependant son contrôle dans la conscience qui le soutient. C'est parce que celle-ci a le pouvoir de s'imposer à ce qu'elle trouve mal et de ramener tous les jugements au même principe, donc à leur loi naturelle, que nous devons l'appeler le bien. Observons que nous sommes en état de créer l'idée de loi en nous appuyant sur celle du bien, envisagée comme tendance naturelle de notre esprit qui converge toujours dans la même direction, tandis qu'il nous est impossible d'ordonner nos idées sur la notion du mal qui diverge dans l'ordre de l'idée et que nous ne pouvons attribuer, en dernière analyse, qu'au contact de notre ignorance avec les faits. La vie de Jésus-Christ est une démonstration de ce principe.

Nous n'attribuons la cause du mal à la matière qu'à cause des impressions contraires au sens du bien qu'elle produit sur notre esprit.

Elle a ses lois propres qui provoquent en nous des sensations ou des tendances, contre lesquelles nous ne sommes pas toujours en état de résister, et quand nous nous sentons faibles en sa présence nous nous déclarons victimes du mal que notre devoir serait de vaincre. Mais si ces tendances n'existaient pas aurions-nous le sens du devoir ? D'ailleurs, cette matière que nous appelons le mal ne nous offre-t-elle pas la facilité d'étudier la loi de Dieu par la science ? Et sous cet aspect ne devons-nous pas l'envisager comme un grand bien pour notre esprit ? La matière est donc une double source de bien, inverse dans sa fonction intellectuelle et morale, que chacun est libre d'apprécier comme bon lui semble et selon le point de vue où il se place. Mais en dernier ressort notre esprit est obligé d'en faire la cause de ce que nous appelons le mal parce que notre conscience ne peut prêter qu'un caractère relatif aux phénomènes de la matière, tandis qu'elle doit se reconnaître un caractère absolu à elle-même. Sa loi le veut ainsi, il faut la suivre. Elle entend qu'on sépare le mal relatif, envisagé comme fait nécessaire, du bien absolu qui le domine et qu'elle représente. Ce n'est qu'à cette condition qu'on comprendra la loi de rapport logique du bien au mal dans la nature. Elle veut qu'on distingue en premier lieu entre *l'esprit et la matière* puis, dans notre esprit même, entre la raison *loi du mal par infériorité* et la conscience *loi de contrôle du bien* relevant de Dieu, en les définissant : *des éléments distincts mais inséparables dans une même unité psychique* où ils se différencient sans cesse en faveur du progrès de notre intelligence. A une certaine limite de notre vue intellectuelle le mal se change en bien; je l'ai prouvé en opérant pratiquement sur l'esprit de M. Choisy.

Le mal est l'expression d'une loi universelle nécessaire au progrès des êtres dont le péché n'est qu'un cas particulier relatif à l'espèce humaine et relevant non des institutions d'église mais directement de la logique. Ce péché n'existerait pas si la conscience n'était pas là pour aider la raison à définir ses devoirs absolus de rapport envers elle-même, envers les hommes et avec Dieu. Ce n'est donc que par une étrange inversion des rôles qu'on transforme l'homme en victime d'un péché continu et mal défini tandis qu'en réalité sa conscience ne fait que l'éloigner toujours plus de la grossièreté primitive du mal. Les faits historiques sont là qui le prouvent; l'humanité avance toujours, elle ne recule pas. Or ne faire appel à la conscience que pour l'inviter à constater son impuissance contre le mal au lieu de lui faire connaître ce qu'elle est vraiment et ce dont elle est capable en sa qualité de loi du bien se montrant continuellement supérieure au mal qui l'entoure est, il faut en convenir, une singulière morale religieuse et un étrange procédé pour conduire l'homme au but que lui assigne la nature. *Fais le bien pour le bien parce que tu peux et dois le faire, sans autre déterminant que celui du devoir à accomplir et que tu as le droit d'exiger qu'on te rende compréhensible, sans autre intérêt que celui d'obéir à la voix de ta conscience qui répond de tout, puisqu'elle est la loi de Dieu en action,* voilà le langage qu'oppose la conscience naturelle à toutes les folies de la morale religieuse. Celle-ci fait preuve d'aberration en cherchant son plus solide point d'appui sur le sentiment du péché, auquel personne ne comprend rien puisqu'il existe partout mais varie de couleur avec chaque individu et avec chaque civilisation, tandis que celui qui se déclare écrasé par le joug du péché, sans savoir y porter remède ou sans prendre la peine de le faire, fait preuve d'imbécillité. Il n'y a que l'idée du bien qui rallie. La religion n'aura jamais rien à opposer à la voix simple et claire de la conscience naturelle affirmant ses droits à être respectée dans sa loi, car l'esprit de l'homme ne peut pas trouver d'autres arguments religieux que ceux que Dieu lui impose et auxquels il doit donner une forme capable d'être appelée la vérité par tout le monde. Toute vérité ramène d'ailleurs directement ou indirectement au principe de conscience qui ne veut pas être confondu avec le mal.

Dans la réalité pratique, l'homme est moins une cause de mal qu'une cause de bien subordonnée à certaines lois relatives ou tendances naturelles qui, conditionnant son existence, l'invitent à combattre pour la défendre. C'est dans cette lutte de concurrence vitale qu'il n'aperçoit pas plus nettement qu'ailleurs la limite qui sépare le bien et le mal, et se trouve entraîné vers les abus de pouvoir ou les excès de tout genre. Mais s'il n'était pas la loi du bien il n'aurait aucune connaissance du mal dont la perception ou l'appréciation est un effet de supériorité intellectuelle. Il procèderait à tous les points de vue comme les animaux, n'ayant aucun sentiment de sa responsabilité. S'il comprend qu'il commet le mal, c'est qu'il lui est supérieur, il a donc le droit de s'estimer quelque chose de plus que ce vulgaire pécheur qu'on fait de lui, cela est de première évidence. Son intérêt est qu'on l'en avertisse afin de le rendre fort contre son ennemi au lieu de lui placer un bandeau sur les yeux, sous l'aspect d'une théorie du péché ne visant qu'à l'anéantir au profit de la sainteté de Dieu et au plus grand détriment de sa conscience.

Si l'homme s'en tenait strictement aux conseils religieux qu'on lui donne il serait conduit à méconnaître les devoirs les plus sacrés que la conscience naturelle lui impose et à s'isoler des difficultés de la vie qui sont la vraie cause de son progrès. Il passerait son temps à gémir contre le mal et à se confondre en humilité devant Dieu ou en béate contemplation d'un bien pur immatériel, rêve d'amour des niais que personne n'a jamais su définir.

Le mal est inhérent aux faits et c'est pour cela qu'on ne peut ni penser sans lui ni se passer de lui. C'est aussi pour cette raison que nous devons l'envisager comme une *nécessité de la loi de Dieu*. M. Choisy est bien obligé d'en convenir puisqu'il constate avec nous que, dans le monde actuel, « *la souffrance et la mort des uns sont la condition et la source de la vie des autres* [1]. » Ceci est un fait que nous n'avons pas le pouvoir de détruire et nous sommes bien forcés de l'envisager comme une loi *d'ordre supérieur* d'après laquelle nous devons régler nos vues. Rien ne nous autorise à la supprimer mentalement et à lui substituer les lois imaginaires d'un monde que nous ne connaissons pas.

L'origine du mal est matérielle, le mal physique précède le mal moral dans la nature où il a pris une forme de plus en plus intellectuelle. Ce dernier passe en effet de l'état d'inconscience à l'état de conscience du bas en haut de l'échelle des êtres, ainsi que dans la fonction psychique de chaque individu. Il change en outre de caractère avec l'élévation de l'intelligence. Le mal commis par un gredin ne peut être comparé à celui dont un pasteur du Saint Evangile se rend responsable, lorsqu'il

[1] *La Rédemption*, p. 186.

enseigne de faux devoirs à la foule, et cependant le *noir péché* est aussi réel pour l'un que pour l'autre, avec cette différence que le premier s'en repent assez facilement, tandis que le second *ne veut pas* le reconnaître. Il a partout pour base la non-observation de la voix de la conscience, ou l'intérêt personnel mal compris, tant dans les actes que dans le jeu des idées. C'est toujours le *bien* mal cherché, devenant le mal pour la conscience aussitôt qu'elle a compris son erreur. Elle ne peut d'ailleurs la reconnaître que par expérience ou parce que d'autres la lui rendent évidente, à moins qu'elle ne fasse un effort volontaire de réaction sur elle-même. La transformation de l'idée du mal roule essentiellement sur ce fait que *les uns peuvent critiquer ce que d'autres appellent le bien,* selon leur conscience individuelle. Il en résulte qu'apprendre aux hommes à combattre le péché, mot vague qu'on ne définit pas, se résume à donner des coups d'épée dans l'eau au nom du Dieu saint, sans la moindre utilité pour la conscience. Celle-ci ne commence en effet à saisir ce qu'est le mal moral que du moment où on lui explique en quoi il consiste, de manière à la mettre en état d'y remédier. Et le mal ne peut se définir, dans l'ordre doctrinaire, qu'en tenant compte des faits qui en font une nécessité pour le progrès du bien et en sachant les mettre clairement en face de la conscience, laquelle tend sans cesse à se perfectionner par l'exercice normal d'une loi qui la pousse à combattre tout ce qu'on sait lui dépeindre comme étant le mal, sans qu'elle puisse le contester. La logique est du reste le seul moyen qui puisse la mettre sur le vrai chemin qu'elle doit suivre et dont elle n'a que très relativement conscience par elle-même. Principe du bien elle est une cause permanente de mal sans le savoir, mais toujours prête à se rectifier dès qu'on lui indique le moyen de le faire ou qu'on sait l'écraser sous le fardeau de sa propre loi d'ordre qui n'a pas le pouvoir de nier la route que la nature l'appelle à suivre.

L'appréciation du bien est *relative* à celui qui le juge, mais sa tendance est *absolue*, c'est pour cela qu'on peut ramener toutes les vues particulières au principe qui doit les unifier. La distinction qu'un être inférieur établit entre le bien et le mal n'est certainement pas la même que celle qu'entrevoit un être supérieur. Ce dernier étendant le rayon visuel de son intelligence voit le mal là où d'autres ne l'aperçoivent pas et conçoit le bien d'une manière qui n'est qu'obscurité pour ceux qui ne sont pas capables de s'élever à la hauteur de son point de vue. Mais il ne serait pas possible de parvenir à la connaissance de ce que doit être *le bien pour tous selon la nature*, si la conscience n'avait le pouvoir d'obliger les idées à se conformer à une certaine règle de conduite dont elle a le secret. C'est parce que nos idées ne peuvent se coordonner correctement que sur la notion du bien, dont la succession est sans limite, et non sur celle du mal, qui n'a pas d'unité logique, que les plus forts sont en état d'entraîner les faibles et de les contraindre à les suivre c'est-à-dire à passer du bien au mieux, ou à progresser. Le mal n'est donc qu'une impression de conscience qui n'existerait pas pour celle-ci si elle n'était elle-même une loi d'ordre capable d'estimer ce qu'on doit ou ne doit pas faire dans toutes les circonstances de la vie pour se conformer à la ligne de conduite naturelle dont elle est le représentant *absolu* et par conséquent le même pour toutes les intelligences, mais à des degrés de puissance différents.

Il n'y a en réalité que certains points sur lesquels toutes les consciences soient d'accord pour appeler mal ce qui est mal et bien ce qui est bien, mais la loi de nos idées est telle que ces points suffisent pour conduire, à la longue et progressivement, toutes les vues particulières au même but, comme l'erreur à la vérité, par action logique. La formule du devoir se perfectionne et se généralise ou s'étend avec les progrès de l'intelligence qui parvient peu à peu à ramener l'immense variété des vues à une ligne de devoir commune, *par la discussion.* Celle-ci oblige en effet même les inconscients à se conformer à la loi de conscience qui les régit.

Ce qui est vrai dans la pratique de la vie, l'est aussi en ce qui concerne la théorie de l'existence de l'être au-delà des conditions qui constituent sa vie sociale terrestre. La vraie loi de l'homme est dans l'homme d'où il n'a qu'à l'extraire en suivant une méthode naturelle que la conscience puisse confirmer. Cette dernière est la même pour un cas comme pour l'autre ; elle est aussi bien le guide infaillible de l'avenir que celui du présent. Si la science ne croit pas à *l'avenir* scientifique de l'homme c'est qu'elle est présomptueuse ou bête, ce qu'on n'aura pas de peine à lui prouver en faisant de la vraie science avec elle. Elle sera obligée de suivre sa ligne comme les ignorants suivent celle des gens mieux avisés qui les poussent. La loi du bien fait converger tous les devoirs relatifs à leur principe fondamental et toutes les idées à leur but normal en ce qui concerne la relation du présent avec l'avenir. Il n'y a pas deux morales, l'une pour les équilibres sociaux et l'autre pour les rapports de l'homme avec la vraie loi de Dieu. Il n'y en a qu'une, une seule et la bonne, dont la clef est dans notre puissance logique qui est prédestinée à unir aussi correctement l'idée de Dieu avec les lois de la nature, dites scientifiques quoique encore inconnues, que le pouvoir intellectuel de l'homme avec les données de son sentiment. Il faut savoir oser et savoir conclure, voilà tout. J'aurai du reste l'occasion de montrer tôt ou tard à la science ce qu'elle pèse en face d'une philosophie qui comprend son devoir et sait fouiller les lois de la matière plus loin qu'elle.

Commençons par faire d'abord une morale terrestre *logique* avec laquelle on puisse forcer la main à tous les petits grands hommes de la science et de la religion. Elle nous conduira en droite ligne à une morale de rapports pratiques entre la nature et Dieu qui ne sera pas moins logique que la première et se confondra avec elle. Ce qu'il y a de plus dangereux pour l'humanité c'est une doctrine religieuse illogique et cherchant à s'imposer quand même aux gens, car elle a pour conséquence d'établir une barrière entre la science et l'idée de Dieu, puis d'instituer une morale de relations sociales artificielle qui fait dévier toutes les consciences de leur devoir normal. Elle ne peut produire que des effets malheureux dans les rapports de la vie pratique et absolument contraires à l'esprit que la conscience prête tout naturellement à l'idée de moralité. Ses fruits les plus directement perceptibles sont le fanatisme absolu ou religieux. On dit qu'il est l'exception, mais il est bien en réalité la règle, car la conscience ne peut s'en libérer qu'en modifiant sa foi personnelle. Ce n'est d'ailleurs que grâce à son pouvoir naturel *extra-religieux* qu'elle parvient à en adoucir les conséquences et à substituer la vraie morale de rapports humanitaires à celle des devoirs envers elle-même que lui enseigne l'Eglise dont elle dépend. Cette Eglise sépare nécessairement le bien du mal non comme cela devrait se pratiquer, c'est-à-dire selon la nature et avec justice, mais selon ses vues particulières. Le type du bien pour une religion quelconque n'est-t-il pas la soumission de l'esprit en présence de ses formules et de ses dogmes ? Si elle était juste, ne commencerait-elle pas par examiner loyalement ce qu'ils peuvent contenir d'erreur ou de vérité pour la conscience collective ? N'agissant pas ainsi elle prétend faire de la morale naturelle avec ce que d'autres peuvent appeler faux quant à l'idée de Dieu. Peut-on rien imaginer de plus absurde ? Comme nous sommes loin de la pensée de Jésus-Christ ! O scribes et pharisiens, que sa doctrine vous a été peu utile !

C'est parce que la religion chrétienne expose de belles théories sur la charité, dont elle fait en quelque sorte à la fois une propriété de son église et une image *extérieure à l'esprit de l'homme*, tout en abaissant celui-ci devant sa propre conscience qui en est la vraie cause, qu'il ne lui est pas possible de créer une morale intelligible. Tant qu'elle ne verra dans le péché que du bois utile pour la défense de ses dogmes et que sa morale se résumera à exalter la personne du Sauveur afin de justifier les mérites de la Croix, elle ne parviendra jamais à séparer le bien et le mal de manière à satisfaire la loi de notre esprit. Il y a là un obstacle infranchissable. Si ce sont *l'esprit, le bien, la dignité* qui constituent vraiment l'homme, ainsi que vous l'affirmez à la science, si vous le faites semblable à Dieu ou placez en lui l'instinct divin, vous devez en avoir la logique et baser votre morale sur ce principe. Dès lors vos théories de l'homme déchu contre lesquelles les progrès de l'histoire protestent formellement, celle d'un Sauveur des hommes dont on fait autant de fantoches, instruments du mal et dépourvus de conscience, deviennent de pures fantaisies d'Eglise que la raison, loi constructrice de nos idées, sera aussi impuissante à soutenir en se basant sur la partie intellectuelle de notre esprit qu'en s'alimentant sur les données de son sentiment. Une fois que le sens infaillible du bien et du mal aura pris sérieusement conscience de ce qu'il est en nous, de ce qu'il peut et doit faire, il n'y a pas de force humaine qui pourra l'entraîner hors de sa loi normale et lui démontrer que son salut dépend d'un ordre d'idées extérieur à lui-même. Cherchez à le convaincre si vous le pouvez, c'est la méthode que vous devez suivre. Ce n'est qu'en vous livrant à cette ingrate besogne que vous vous rendrez le mieux compte si la loi de la conscience est fatale ou non, et si votre raison peut la dominer au point de lui faire comprendre la nécessité d'un pardon immérité, celui des lâches, dont elle n'a que faire du moment où elle sait apercevoir quelle fut l'intention de Dieu en la rendant responsable.

La loi du bien qui se sent le bien est une, elle dit : *je suis* et je ne dépends de personne si ce n'est de mon devoir qui est d'éviter le mal, de le combattre, de le supporter et même de l'excuser, afin de grandir à mes propres yeux, puis de me mettre, dans l'ordre logique, à la portée de tous et de me sacrifier devant un bien qu'on sait me montrer clairement être supérieur à celui que je défends au moment où je parle. On ne fonde pas une morale religieuse sur ceux qui ne veulent pas faire le bien, quand même ils pourraient le faire. Ce n'est pas en leur faveur que Jésus-Christ a institué sa doctrine, ce n'est pas pour eux qu'il s'est sacrifié. Chacun sait qu'il les a livrés à la justice de Dieu qui est seul juge du caractère et du mérite d'un repentir que la religion n'est pas en droit de faciliter en offrant une récompense lorsqu'on se voit au bord du précipice. Quant à ce pauvre homme qui est la victime des circonstances ou de sa propre impuissance, si vous voulez le sauver le moyen est bien simple : stimulez en lui le sens du bien, frappez à la porte de sa conscience dont la force le soutiendra. Il marchera là où vous saurez lui tracer son devoir et s'il ne le voit pas, croyez-moi, il ne sera pas responsable devant Dieu qui pourvoira. Ce n'est qu'en faisant appel à l'amour-propre absolu, en apprenant à l'homme qu'il est fort contre lui-même, qu'il doit pardonner plutôt qu'implorer son pardon qu'on l'armera le mieux contre le mal. Quand vous lui enseignez qu'il doit s'abaisser, ramper et supplier pour obtenir, au lieu de réagir sur le mal pour vaincre, vous montrez que vous ne savez pas vous-même ce qu'est la loi du Dieu vivant qui est en lui.

En résumé la morale de conscience *scientifique* roule entièrement sur la notion *du mal nécessaire au progrès du bien qui doit le dominer* et que cela plaise ou ne plaise pas aux dévots, on sera bien obligé d'en venir là parce que cette définition est doublement conforme aux faits et à la loi de nos idées. Celle-ci ne pourra chercher à la modifier sans faire acte d'impuissance, ou preuve d'un mécontentement qui ne sait pas s'expliquer. Celui qui déclare solennellement au mal *tu mourras de mort* le traite comme une figure plastique qui serait destinée à disparaître de la scène du monde en faveur d'un idéal aussi enthousiaste qu'incompréhensible. On ne dispose pas de la loi de Dieu de cette façon-là ! C'est tenir le langage des purs d'esprit qui ont horreur des lois de ce monde auxquelles ils substituent la rêverie d'un bien idéal, n'ayant pas d'autre but que de faire le service de leur égoïsme. Que ceux qui désirent vraiment le bien général appliquent leur raison à faire surgir la vérité en ce monde. Ils y sont pour cela. Cela vaudra mieux que de mépriser ses lois et de ne songer qu'à bercer leur ignorante vertu dans le sein d'un Dieu qui devrait les protéger à l'exclusion de leurs voisins. L'égoïsme se complaisant à admirer la vertu qu'il a de condamner le péché, tout en le commettant exactement comme les autres, et se faisant un mérite de s'offrir une bonne part dans le ciel pour plus tard, n'est pas moins condamnable que celui qui se manifeste par des actes répréhensibles dans les relations de la vie ordinaire. Il est seulement un peu plus hypocrite et un peu plus lâche que d'autres puisqu'il se place, de son propre chef, sous la protection de Dieu et hors de la portée de la justice humaine. On sait que Jésus-Christ n'a pas été tendre pour ceux qui devaient prophétiser en son nom en disant : Seigneur ! Seigneur ! *L'amour en son Sauveur* qui excuse tout, même le droit de fausser la morale naturelle au profit de la morale religieuse, n'est qu'une forme progressive du genre d'iniquités qu'il a condamné. Espérons qu'il ne sera pas venu enseigner la morale de conscience pour qu'on détruise les droits de la conscience au nom de son Evangile. Il est temps que la raison vienne mettre bon ordre à toutes les folies qu'on a accumulées sur son nom.

Le mal n'est en fait qu'une *réalité de perception*, tandis que le bien est au contraire une *loi d'existence*. Ce n'est qu'en sachant bien distinguer entre la valeur de ces deux termes qu'on parviendra à faire du rapport du bien au mal une morale scientifique. Le bien existe comme pouvoir, tandis que le mal n'est qu'une forme de la pensée se modifiant sans cesse en faveur du perfectionnement du bien. La loi du mal est inhérente à notre esprit où elle a la forme incritiquable de l'infériorité dans le pouvoir, disons d'une *raison* qui crée le mal parce qu'elle n'est pas en état de faire mieux. Mais à côté du mal se trouve aussi le bien qui le domine : *la conscience.* Celle-ci est donc la loi absolue de notre esprit qui ne peut voir dans sa raison qu'une loi relative, sans laquelle il ne lui serait pas possible d'augmenter sa puissance. Nier la nécessité du mal c'est donc nier la raison comme loi indispensable au progrès du bien *par expérience d'erreurs ou de faits* que la conscience rectifie. Le mal est aussi nécessaire au bien que l'action l'est à la sensation. On ne pourra s'insurger contre cet état de faits qu'en tenant un langage incorrect, comme tous ceux qui prétendent faire de la psychologie sans y rien comprendre et disposer de la loi de Dieu sans la connaître.

Quand je dis que le mal est *nécessaire*, je ne crée rien et je me conforme seulement à ce que je vois. Je *constate* qu'il est inséparable de ma pensée et de mon existence et j'en conclus qu'il représente le *moyen* qu'emploie Dieu pour me rapprocher de son Type qui contrôle mes actes en moi-même et me force à distinguer entre mon œuvre et la sienne. Chassez le moyen et vous arrêtez la loi de la vie, voilà la vérité. Empêchez l'homme de créer et de *percevoir* qu'il crée mal et vous ne pourrez plus *concevoir* ni l'homme ni Dieu qui est son but. La haute indignation d'un homme contre ce qu'il appelle le mal qu'il juge inconciliable avec la pensée de Dieu, doit avoir une assez mince valeur à ses yeux si son but consiste à mettre tous les gens, indignés des faits et gestes de leurs semblables ou de l'état des choses dans la nature, d'accord au profit de ce qu'il appelle *Lui* le bien général.

Une vraie théorie du bien et du mal impliquerait des vues trop étendues pour entrer dans le cadre d'un petit opuscule où je me borne à établir certaines bases de discussion pour soutenir les droits de la conscience naturelle contre les abus de la conscience religieuse altérée par une foi conventionnelle. Dire à la religion voilà les idées sur lesquelles vous devez travailler en honnête penseur qui est tenu de créer quelque chose de *vérifiable*, et non pas d'entraîner la conscience, par une série *d'exclamations vertueuses*, hors de la ligne que lui impose la nature, résume le but très limité que je me suis tracé en abordant ici la question du bien et du mal. Je me contente d'ajouter que tout ce que j'ai avancé se rattache logiquement à de beaucoup plus grandes lignes philosophiques embrassant les deux idées de science et religion qui doivent finir par fusionner en une seule unité. Quand je les développerai, on commencera à comprendre que si l'homme a encore beaucoup à travailler pour éclaircir sa situation philosophique il a cependant déjà bien d'autres moyens de jalonner sa loi d'avenir qu'en allant s'embrouiller dans les pieuses théories du *pardon des péchés combiné* qui deviendront chaque jour plus ridicules. L'idée de Dieu *scientifique* est le fondement de tout ; elle est dans l'ordre naturel des choses selon la conscience, tandis que l'idée de Dieu que l'absolutisme religieux place actuellement en travers des progrès de l'intelligence est le principal empêchement à l'évolution normale des aspirations de notre esprit. Celui-ci ne peut plus admettre l'autorité de la religion qu'à la seule condition qu'elle sache observer les devoirs que lui impose le degré d'avancement de notre état social. *Tu feras ton devoir ou tu es destinée à périr*, tel est l'arrêt que la conscience lui adresse dans la pleine connaissance des exigences de sa loi et de son pouvoir qui n'admet pas plus le *mal doctrinaire* en matière religieuse que le mal d'entraînement des pauvres gens qui sont aux prises avec les difficultés de la vie.

La loi du mal restera, car elle est nécessaire, mais toutes les doctrines sur Dieu erronées sont appelées à disparaître les unes après les autres pour faire place à la vraie qui surgira, par sélection d'idées, de l'effort commun en vue de trouver mieux. La doctrine de la charité chrétienne contemplative, qui ne la pratique pas et se contente d'organiser le pardon des péchés, ne sera pas plus privilégiée que d'autres dont les vues sont moins intéressées. Le glas de son enterrement a déjà commencé à sonner.

Le devoir le plus sacré de la religion est d'être logique et honnête, puisqu'elle ne peut se soutenir qu'en critiquant la logique et l'honnêteté des autres. Ce n'est qu'en cultivant elle-même la logique et en en faisant un devoir à ses fidèles qu'elle développera leur conscience.

Si l'on obligeait chacun à défendre logiquement son état de conscience on l'amènerait bien mieux à reconnaître ses torts et à comprendre la nécessité de les réparer qu'en lui faisant confesser des péchés bien au-delà de ceux qu'il s'attribue, puisqu'il passe, malgré son humilité devant Dieu, une bonne moitié de sa vie intellectuelle à prouver à ses semblables qu'il a raison et que ce sont eux qui sont dans l'erreur. Apprenez à la raison qu'elle ne peut avoir raison dans l'ordre moral qu'au moyen de vérités générales, enseignez-lui à écouter sa propre conscience qui veut être impersonnelle, et toutes ses idées deviendront peu à peu logiques. Elles développeront en elle les deux sens fondamentaux de la *charité* et de la *justice* qui éclairent comme la lumière et sont les deux plus fortes armes que la raison personnelle consciente de ses actes puisse donner pour sa défense, parce que la charité excuse le mal chez les autres, et que la justice ne le tolère pas chez soi-même. Cette dernière ne prétend ni qu'on se blanchisse complètement, ni qu'on efface sa conscience devant le mal, car alors elle ne serait plus la justice capable de discerner entre le bien et le mal.

Ce que nous devons tous chercher, c'est la loi de Dieu selon la nature, ou dans une forme qui puisse satisfaire pleinement la conscience. Celle-ci exige d'ailleurs qu'on fonde la morale religieuse sur le *bien* et non pas, comme on l'a fait jusqu'à présent, sur le *mal* afin de pouvoir soutenir la folie de la Croix !

RÉSUMÉ ET CONCLUSION [1]

I

Avant d'émettre aucune vue personnelle sur la conscience, j'ai recherché l'opinion de ceux qui, consultant la leur en dehors de tout préjugé, ont trouvé en elle des éléments intellectuels capables de s'imposer à tout le monde. La conscience est universelle, la même pour tous, elle est la loi qui commande notre esprit, le fait capital qui domine toutes ses idées, le principe de Dieu en nous. Voilà en quelques mots le point sur lequel les orthodoxes de diverses nuances tombent d'accord et qu'ils offrent sous la forme d'une vérité inattaquable comme base de discussion à leurs adversaires. Ceux qui savent observer leur conscience

[1] L'étude que je viens de faire n'est qu'un travail d'action psychologique sur la conscience des docteurs de l'orthodoxie. Elle touche à l'essentiel ou aux prin-

doivent en effet accepter ces prémices sans réserve. Quant aux autres, ils relèvent d'un ordre d'idées différent ; ils sont hors de cause dans la question qui s'agite entre les défenseurs de la conscience. Ce sont des malades qui doivent être traités en raison de leur état pathologique et ils seraient mal venus à intervenir dans un débat qui n'est pas de leur compétence.

Après avoir constaté ces vues générales, qui doivent finir par rallier tous les hommes, même les derniers dont je viens de parler, lorsqu'ils auront subi une cure spéciale adaptée à leur état, j'ai suivi la pensée de M. Choisy dans ce qu'il nomme les *fonctions de la conscience*. C'est là où j'ai trouvé qu'il commençait à lui donner une couleur particulière tout

cipes de base de la religion chrétienne, mais dans une forme plutôt scientifique, ne visant qu'aux faits et qui sera loin de plaire à tout le monde. Peu de personnes y trouveront une nourriture intellectuelle dans les conditions qui leur conviennent. J'engage donc vivement ceux qui voudraient connaître l'autre face de la médaille, celle qui s'adresse plus directement au sentiment, à lire les SERMONS de M. le prof. J. Cougnard. — *Fischbacher*, éditeur, à Paris, et *Cherbuliez*, à Genève.— Ils trouveront là, dans un style brillant et chaud, parlant à la fois au cœur et à la raison, tout ce qu'il faut pour s'inspirer des idées fondamentales de la nouvelle

à fait inconciliable avec les *faits psychologiques* qui constituent ce qu'on peut appeler les attributs de la conscience dans le jeu de nos idées. En effet, après avoir donné un caractère universel à la conscience, il a cherché à en faire un simple agent de devoir, puis de devoir *proprement religieux* prédestiné à se soumettre aux enseignements de la religion qu'il représente. C'était faire d'elle un instrument d'obéissance envers sa foi personnelle qui place un certain Evangile, que beaucoup d'hommes ne connaissent pas, au-dessus de sa propre conscience. Il entendait subordonner ensuite la conscience des autres à la sienne, mais sans faire ce qu'il faut pour s'imposer à elle en passant par les chemins que la fonction même de la conscience oblige chacun à parcourir.

foi au vrai Dieu qui monte, monte et tend à se substituer aux anciens errements de la dogmatique, comme la nature à la convention. Mon étude, en allant au fond des choses, a comblé un vide. La forme populaire des *Sermons* de M. Cougnard comble le vide de mon étude en donnant aux idées que j'ai soutenues un caractère moins précis, mais plus agréable pour la pensée. Ceux qui resteront insensibles en présence de ces belles pages ont des yeux pour ne pas voir et des oreilles pour ne pas entendre. On n'en aura jamais raison qu'en rendant les bergers de ce troupeau personnellement responsables des doctrines qu'ils lui enseignent.

C'est parce que toute l'exposition de M. Choisy, concernant la conscience, a roulé sur ce faux principe que j'ai cru nécessaire de lui rappeler que les droits de la *conscience naturelle* — dont il a tout le loisir de profiter — lui créent des devoirs qu'il ne peut pas se dispenser d'observer. Ce n'est pas le tout que de reconnaître des devoirs aux autres, il faut encore savoir tenir compte de ceux que la nature vous oblige à accomplir envers eux. La conscience est un rapport du *droit au devoir* qui conditionne la pensée de chacun dans sa relation avec la société et il est très important de ne jamais l'oublier. Ne pas reconnaître les *droits* de celui auquel on impose la notion du *devoir* c'est révéler des intentions intéressées et se montrer injuste au moment même où l'on pose les fondements de la morale, lorsqu'on aborde l'étude de la conscience qui doit conduire à la connaissance de la vraie loi de Dieu. Dans l'ordre religieux, c'est agir en vue d'imposer le Dieu de sa foi individuelle sans se soucier d'observer celle des autres ou d'étudier le Dieu de la conscience naturelle.

C'est donc en vue de rectifier l'erreur de M. Choisy que je lui ai opposé le fait psychologique de la *conscience logique,* en lui faisant remarquer que si la raison voit dans la conscience une loi de *devoir*, elle y voit aussi le contrôleur de la *formule du devoir* dont elle est elle-même l'agent créateur. Ne pas admettre cette fonction de la conscience, qui est aussi bien le juge de la vérité qu'une loi de sens moral, ce serait méconnaître le rôle qu'elle a dans le jeu de nos idées et surtout dans la *discussion* qui replace notre intelligence dans la condition où elle doit se trouver pour se conformer à une certaine *loi de nature* qui la régit sans cesse, bien qu'elle ne sache pas toujours l'observer. La logique est la faculté que nous avons de créer un ordre d'idées qui soit admissible par tout le monde — de reconnaître si les idées des autres satisfont cette condition et de leur prouver qu'elles sont erronées lorsqu'elles ne le font pas — enfin d'être toujours conséquents avec nous-mêmes ou avec le principe dont nous faisons une règle de conduite à nos semblables. Elle est la loi de la vérité en action, fortifiant peu à peu le pouvoir qu'a la conscience d'aller au-delà des vérités qu'elle avait admises antérieurement dans l'exercice de son rôle qui est de créer sans cesse des éléments de certitude d'où en surgissent d'autres d'ordre plus élevé.

La logique est tantôt créatrice ou *positive* et tantôt critique ou *négative*, mais c'est toujours le même principe.

La fonction logique de la conscience ne pouvant être exclusive, n'a rien de *proprement religieux*, elle est tout aussi bien scientifique que religieuse. Elle conduit indifféremment à la connaissance de la loi de Dieu ou à celle des lois de la nature matérielle que son but est de mettre en rapport de principe. Elle se rit des insensés ou des vaniteux et les oblige froidement à accomplir leur devoir qui est d'apprendre à coordonner régulièrement leurs idées. Elle est la loi de *justice* par excellence qui rétablit partout l'équilibre normal de la pensée et ne tolère pas plus les abus religieux que ceux dont une science inintelligente se rend responsable.

La religion, que sa raison oblige à combattre une science qui nie Dieu, en l'appelant immorale et illogique, lui imposera-t-elle un Dieu qui ne puisse se soutenir par les moyens naturels dont dispose notre esprit? Osera-t-elle se placer, en sa qualité de serviteur de

Dieu, au-dessus des devoirs que la logique impose à tous les hommes ? Elle a le droit d'essayer, mais ce sera sa condamnation, car nul n'a celui d'appeler *la* conscience *loi vivante de Dieu* et de n'en extraire que ce qui lui semble avantageux pour obliger les gens à épouser ses fantaisies, sans se croire tenu de justifier sa propre *conscience* avec le moyen que Dieu a placé en elle pour qu'il puisse prouver aux autres qu'il est à la fois *un être intelligent et un honnête homme !* La religion doit se faire un devoir d'être *logique* et celle qui n'admettra pas ce principe ne pourra être qu'*immorale*. C'est là une vérité de conscience que les faits seront appelés à démontrer, car la punition de celui qui n'abordera pas la loi de Dieu comme elle doit l'être et substituera sa personnalité à l'impersonnalité, que représentent sous deux aspects différents la morale et la logique, sera *l'inconséquence* dans l'ordre de l'idée et, au point de vue moral, l'impuissance à affirmer la *loi du bien* de manière à satisfaire la conscience collective.

Les effets de l'injustice de M. Choisy envers la conscience naturelle n'ont pas tardé à se faire sentir dans le pouvoir de sa pensée où ils ont confirmé ce que je viens de dire. Ils s'y sont révélés en effet sous l'aspect de l'erreur la plus inouïe qu'un serviteur du vrai Dieu puisse commettre en combattant le fatalisme *relatif*, c'est-à-dire absolument anodin et inoffensif de ses adversaires, sans prendre garde au fatalisme *absolu* qui est la loi même de la conscience dont nulle intelligence ne peut dévier et au moyen duquel il pouvait par conséquent les dominer. N'ayant pas su observer la *logique*, il a dû confondre la *raison*, loi relative qui est libre de faire ce que bon lui semble, avec la *conscience* loi absolue qui la commande et *limite sa liberté* par la notion du devoir qu'elle l'oblige à accomplir envers les autres et dont elle possède le dernier mot en sa qualité de loi de Dieu avec laquelle il n'y a pas moyen de transiger. La conscience est la loi des lois, elle domine la nature et les hommes ; elle est fatale parce que *toutes les idées* doivent s'incliner devant elle, mais M. Choisy n'en déclare pas moins au nom de *sa* conscience que *la* conscience doit condamner le fatalisme dans toutes ses branches et sous toutes ses formes ! Demandez-lui après cela ce que devient cette belle théorie de la liberté, qu'il met au-dessus de celle du fatalisme, aussitôt qu'il place l'esprit en face de l'Evangile ? Vous ne tarderez pas à vous convaincre qu'il fait, tant de la liberté que du fatalisme, ce qui lui plaît, qu'il en dispose à son gré pour le mieux de ses intérêts d'homme d'Eglise et qu'il ne sait en réalité conclure ni avec l'une ni avec l'autre. Lorsqu'il se trouve en présence des saintes Ecritures il ne se gêne pas pour renier cette *liberté* dont il faisait la loi de ses frères en science, mais il ne reconnaît pas le *fatalisme* de la conscience dont il faisait la loi de Dieu ! C'est ce qui doit arriver forcément à tous ceux qui, ne sachant penser qu'avec l'idée fixe de l'Evangile, emploient leur raison et leur conscience à effacer les justes droits de la raison et de la conscience des autres en faveur des sublimités de leur foi particulière, devant laquelle tout doit plier, *parce qu'elle émane de Dieu* — bien qu'ils ne sachent pas la défendre !

Les inconséquences de M. Choisy n'ont fait que s'accroître, à mesure qu'il a pénétré dans son sujet dont le but principal était de faire de l'Evangile, selon la trop habile formule de Vinet : *La conscience de la conscience*. Après avoir engagé ses adversaires à ne pas écouter les flatteurs, qui tenteraient de porter atteint à l'autorité de leur conscience, il a tourné l difficulté que lui créait à lui-même cette situa tion en recourant précisément à la méthod du courtisan qu'il condamnait, c'est-à-dire un procédé de conviction qui lui permetta d'entraîner la conscience des autres où il vou lait au nom de l'*idée du bien*, sans avoir compromettre la sienne. L'individu ne se com promet en effet que par *une création d'idée propres* dont on puisse le rendre directemer responsable. Or il suffit de ne rien créer d'ori ginal et de se confondre en exclamation enthousiastes à l'égard d'un certain *foyer d bien* dont on fait le but de la pensée, en se gai dant bien de le *définir*, pour faire croire au gens qu'on est réellement l'avocat de la *véri* devant laquelle la conscience est instinctive ment portée à s'incliner. C'est de cette faço que la conscience, *qui est la loi du bien*, s trouve peu à peu enguirlandée par sa natui même et flatteusement entraînée à croire qu la loi du mal est en elle et celle du bien *hoi d'elle-même*. Le tour de *la conscience de l conscience* est ainsi joué au profit d'un Evan gile *non-défini*, au sein duquel on place tou ce qu'on veut, une fois que sa supériorité sur l'esprit de l'homme a été transformée en article de foi, aussi faussement que librement accepté par les fidèles.

Ce dont M. Choisy ne paraît pas s'être aperçu, dans l'aveuglement que lui procure la sincérité de sa foi, c'est que, parti d'un principe universel, celui de la conscience *égale pour tous*, il l'a insensiblement subordonnée par le procédé qu'on vient de lire à une autorité contre laquelle la conscience a autant de droits de protester qu'il en a lui de la défendre, mais en recourant à des moyens *justes pour tous* et naturels. Dire aux gens que *la lumière est là* dans l'Evangile, ou que la vérité *c'est Christ* est une manière d'agir peut-être excellente pour fortifier la foi des fidèles déjà convertis, mais c'est oublier complètement ce qu'on doit à ceux qui ne partagent pas vos opinions et qui, connaissant l'Evangile peut-être aussi bien que vous, n'aiment pas qu'on en abuse pour les soumettre en principe à une autorité idéale, au moyen de laquelle on pourra leur chercher toutes les querelles imaginables une fois qu'on leur aura fait admettre qu'ils doivent le placer au-dessus de leur conscience.

Veuillez ne pas oublier, s'il vous plaît, qu[e] telle conscience sera peut-être en état de lire et d'en comprendre l'esprit beaucou[p] mieux que la vôtre, ce qui peut la conduire [à] des conclusions diamétralement opposées [à] celles que vous professez. Celui qui compren[d] vraiment l'esprit de l'Evangile peut avo[ir] d'excellentes raisons pour éviter qu'on e[n] impose le titre général à son *sens moral* et [la] lettre à son *intelligence.*

La loi de Dieu ne s'organise pas avec le[s] brouillons qui font protéger leur ignoranc[e] par sa volonté, mais avec les gens qui save[nt] parler clair. On a donc le droit d'exiger d[e] tous ceux qui prétendent que la lumière d[e] Dieu est sous le boisseau de leur Evangi[le] qu'ils veuillent bien commencer par la décou[-]vrir et la placer sur le chandelier de leu[r] intelligence. Qu'ils s'en inspirent eux-même[s] tout d'abord, en se faisant un devoir de ten[ir] un langage compréhensible : *celui de la vérit[é]*. Que ce langage soit *pour* ou *contre* nous pe[u] nous importe, pourvu qu'il nous donne [la] vérité bien formulée. Nous savons d'ailleur[s] qu'il est beaucoup plus facile d'indiquer où s[e] trouve la vérité que de l'en extraire. C'e[st] pour cela que nous demandons aux professeurs de vérité d'avoir la complaisance de nous en donner la formule au lieu de nous envoyer la chercher là où ils ne savent pas la découvrir eux-mêmes.

La vérité se crée et s'accumule par les efforts de l'intelligence, mais on ne la construit pas avec des *bouts de vérité* juxtaposés comme des billes pour en faire un total. Il faut qu'elle satisfasse deux conditions : *elle doit être admissible par tous et s'appliquer à tout*, c'est-à-dire qu'elle doit se rendre de plus en plus générale, en ne se montrant jamais contradictoire avec elle-même. C'est la vérité telle que la veut la conscience qui sait définir ce dont elle a besoin. Cherchez-la dans l'Evangile et rendez-nous-la évidente, c'est ainsi que vous prouverez que vous savez le lire et qu'il la contient effectivement de manière à pouvoir faire la loi à la conscience. Celle-ci se chargera, à défaut, de vous la présenter dans les conditions que je viens de dire. Forte de la loi de Dieu qui est en elle, elle n'a à s'humilier devant personne, pas plus devant le Christ qui fut le prophète de son pouvoir, que devant la science dont elle fera ce qu'elle voudra. Elle

est contractante, aussi bien avec le Chris
qu'avec les autres hommes, qu'on ne l'oubli
pas.

II

Nous n'avons pas à intervenir entre un pasteur et son troupeau quand celui-ci ne veu
pas rechercher la vérité, étant convaincu d
l'avoir déjà trouvée. Mais il n'en est pas d
même lorsque ce pasteur s'adresse à la cons
cience universelle avec l'intention de lui fair
entendre que son devoir est d'épouser la fo
dont il fait sa propre règle de conduite. Il fau
qu'il se place dans ce cas sur un pied d'éga
lité avec ceux dont les vues sont différente
que la sienne. Il est libre d'alimenter so
esprit dans ce qu'il appelle l'Évangile-lumière
mais cela ne le dispensera pas de porter l
responsabilité des idées qu'il émettra en pré
sence d'un contradicteur puisant ses forces
une autre source de vérité que la sienne. Chacu
est tenu de reconnaître qu'il doit donner un
forme intelligible à sa pensée et qu'on ne doit pa
placer l'origine des matériaux spirituels dont o
fait usage au-dessus du pouvoir qu'on a de le

comprendre ou de s'en servir. On n'abrite pas son impuissance derrière des autorités qu'on déclare, de son propre chef, capables d'imposer silence à ceux dont l'intelligence pourrait être en réalité supérieure à celle dont on dispose soi-même. Si l'on ne se faisait pas un devoir de se conformer à ce principe il n'y aurait plus moyen de discuter, la responsabilité intellectuelle n'aurait plus aucun sens et l'Evangile pourrait être transformé en lumière de parade des ignorants au lieu de rester ce qu'il doit être : celle des honnêtes gens raisonnables. Ce n'est donc que par un échange d'idées dans lequel chaque combattant se déclarera loyalement responsable des siennes que le troupeau finira par se rendre compte des mérites de la lumière dont on lui parle et de ce que vaut l'intelligence de celui qui l'invite à l'aller chercher où il lui assure qu'elle se trouve.

« *Le chrétien ne doit pas éviter la rencontre des objections. Refuser le combat serait s'avouer vaincu* [1]. » En avant donc, tâchons de voir une fois le chrétien à l'œuvre, sachant apporter dans son contact avec la conscience naturelle, qui n'est pas moins scientifique que reli-

[1] Vinet.

gieuse, quelque chose d'un peu plus persuasif et pénétrant que la glorification de sa propre foi ou de la personne de son Sauveur, car ce ne sont pas là des arguments de discussion ayant valeur en dehors de l'enceinte des converti. Qu'il essaie de soutenir un principe quelconque en ne disant que ce qui doit paraître vrai et certain à tout le monde. C'est ainsi qu'il donnera la mesure de sa foi qui n'atteindra jamais la vérité qu'en sachant se montrer *impersonnelle*.

L'Evangile est un *foyer de vérité*, mais il n'est pas *toute la vérité*, voilà ce qu'il faut savoir comprendre. Il représente *une* vérité morale, mais il n'est pas *la vérité* philosophique. Or la philosophie est aussi inséparable de l'idée morale que la raison l'est de la conscience ou que Dieu l'est de la nature, et Jésus-Christ a séparé l'idée morale de la philosophie et Dieu de la nature. Mais la conscience veut et doit arriver à Dieu aussi bien par l'étude de la nature que par la satisfaction des lois du sentiment qui l'unissent à lui. Elle a donc le droit de dire à Jésus-Christ qu'il n'a compris que la moitié de la vérité que Dieu lui impose et jamais ses avocats ne parviendront à débrouiller *la vérité* de la partie de vérité qu'ils prétendent imposer comme étant *toute la vérité* à l'esprit de l'homme. Celui-ci est d'ailleurs en état de leur prouver jusqu'à l'évidence que cette partie de vérité est elle-même bien loin de représenter *toute la vérité morale* vers laquelle nous aspirons et dont le Christ n'a eu aucune idée.

La morale de l'*intérêt* n'est du reste pas plus admissible dans les rapports que nous établissons d'un monde à l'autre que dans les relations de notre vie sociale. Il n'y a qu'une seule morale de l'intérêt justifiable, c'est celle qui consiste à écouter sincèrement la voix de sa conscience, parce qu'elle ne donne jamais que des conseils impersonnels, les seuls qui puissent garantir à ses yeux le bonheur de l'être dans les conditions d'existence qui l'attendent après la mort et cela sans porter préjudice à personne.

L'Evangile est un document historique qui appartient à tous. Il n'est pas la propriété exclusive d'un christianisme constitué dont le jugement peut s'égarer en le lisant, pendant que d'autres sauront mieux l'apprécier que lui. Les uns en effet ne verront que la religion du bien là où d'autres n'apercevront que celle de la révélation de leurs propres idées et du dogme. Ce qu'il importe surtout c'est de savoir distinguer entre la pensée de son auteur principal et celle de ceux qui ont ajouté leur œuvre à la sienne. Le fond du débat roule donc moins sur le mérite ou le démérite de certains ordres d'idées secondaires concrets, qu'en fait chacun apprécie à sa manière, que sur le genre d'interprétation *qu'il faut* donner au document lui-même pour satisfaire pleinement la conscience. Lorsqu'on parle de l'Evangile en général, considéré comme *principe*, on ne dit rien, mais lorsqu'on définit le point de vue où il faut l'envisager on dit tout, parce qu'on engage, comme cela doit être, sa propre raison qui devient à l'égal de celle des autres justifiable de la conscience et des devoirs logiques qu'elle lui impose. Nous avons vu en effet, à titre d'exemple, par l'opinion que M. de Gasparin a émise sur l'Evangile (page 51) au devant de quels dangers on court, lorsqu'on s'avance sur ce terrain. Or il faut que le chrétien, loin de fuir ces difficultés, aille au devant, afin de prouver que son intelligence est à même de se tenir à la hauteur de toutes les situations dans lesquelles on pourrait le compromettre. Donc pour que la discussion sur l'Evangile soit correcte, entre deux personnes dont l'une en fait la formule exclusive de sa foi et l'autre n'y voit qu'un trait de lumière pour l'intelligence de ce qu'a voulu dire Jésus-Christ, il faut que la première commence par définir nettement la manière dont elle entend qu'on le lise, qu'on l'étudie, qu'on le juge, ce qu'elle en fait par rapport à la conscience, comment elle apprécie les rapports des différents livres qui le composent, quelle valeur relative elle attribue au mérite intellectuel et moral de leurs auteurs ? Ce n'est qu'après avoir fait cela et fourni une idée de la signification générale qu'elle donne à son contenu qu'on pourra savoir ce qu'elle entend par *son* Evangile.

En agissant ainsi, elle aura au moins le mérite de se compromettre courageusement par un ordre de vues personnel sur lequel on pourra l'attaquer et la discussion fera le reste. On ne pourra plus se retrancher à chaque instant derrière le mot vague et à double entente d'Evangile auquel chacun prête en réalité une interprétation fantaisiste puisque, depuis qu'on en parle, on n'est pas encore parvenu à unifier les opinions à son égard et à en tirer un ensemble d'idées qu'on puisse appeler *la vérité* ou une donnée intellectuelle capable de s'imposer bon gré mal gré à tout le monde. Observez bien ce qui se passe, le christianisme organisé procède invariablement de la même façon — interpréter les idées particulières plus ou moins incohérentes ou indéfinies que l'Evangile contient en vue de porter aux nues leur auteur et de prouver aux hommes qu'ils ne sont que des ignorants confits dans le mal dont l'avenir serait perdu sans lui. Je fais appel aux honnêtes gens pour apprécier ce genre de charité chrétienne. On ne sortira de cette situation qu'en engageant énergiquement les consciences *individuelles* qui s'emploient à la soutenir. Si vous voulez procéder en loyal combattant définissez-nous ce qu'est *votre* Evangile en présence de l'Evangile qui appartient à tous mais que tous n'envisagent pas de la même manière que vous. C'est dans cette condition que la logique vous fera apprécier sainement le pouvoir de votre raison qui a la prétention de faire la loi à la foule.

L'esprit fondamental de l'Evangile, j'entends celui de Jésus Christ, le seul dont on puisse tirer une notion *générale* de vérité est d'une simplicité élémentaire. Il consiste à enseigner aux hommes la charité et l'amour de Dieu unis par l'idée de justice. Cet Evangile qui peut se passer de détails, car il les domine et les résume tous, est parfaitement conciliable avec l'idée logique, il en est le meilleur auxiliaire. Il ne se place nullement au travers des progrès de l'intelligence ou de l'évolution des facultés de notre esprit. Il en prépare la voie, il ne les arrête pas. On peut le comparer à la première pousse d'une fleur qui se trouve en parfaite harmonie de principe avec les lois de son développement ultérieur, mais il n'est pas *la fleur* ou l'expression de l'éclosion pleine et complète de la plante, telle que notre esprit est en état sinon de la créer, du moins de la concevoir. Si vous avez quelque autre enseignement général à ajouter à celui que je viens de définir, si vous apercevez mieux la fleur que nous, veuillez nous dire en quoi elle consiste, en nous avertissant si vous entendez qu'on s'attache à l'esprit ou à la lettre des textes. Là-dessus nous pourrons discuter. Ce sera à qui saura le mieux enchaîner ses idées sans jamais se montrer contradictoire avec lui-même, prouvant ainsi qu'il interprète mieux l'Evangile universel que les autres. On saura ce qu'est votre foi, sur quoi elle repose, quelle est la puissance de sa formule et l'on pourra vous répondre en conséquence, ce qui ne peut se faire quand, ne définissant pas votre Evangile, vous vous contentez de l'appeler la lumière du monde. Cela signifie tout simplement : mettre votre intelligence à la place du vrai Evangile tout en empêchant les autres d'agir comme vous-même.

Cet exercice de raisonnement aidera peut-être à faire connaître comment on a pu passer d'un Evangile-lumière à un Evangile-grâce, dont le principe reste incompréhensible même pour ceux qui le prêchent, et que tout porte à croire que Jésus-Christ n'a jamais eu l'intention de proclamer. Ce ne sont pas quelques paroles perdues, peut-être mal rapportées, et d'ailleurs tout à fait incidentelles dans son œuvre, qui peuvent faire preuve dans un cas pareil. Pour instituer un Evangile-grâce il eût été obligé de diriger la foi des hommes sur sa personne au lieu de la faire converger vers son seul but normal qui est Dieu ? L'a-t-il fait ? Cela aurait suffi pour le faire condamner irrévocablement par la conscience, juge infaillible du bien et du mal, qui possède en elle tout ce dont elle a besoin pour se protéger contre de pareilles usurpations de la loi de Dieu par l'une de ses créatures ne sachant s'en référer qu'à sa propre autorité pour établir ses droits à le faire. Rien de plus facile en effet que de faire l'analyse psychologique de la figure de Jésus-Christ, afin d'établir scientifiquement les limites que le pouvoir de son intelligence n'était pas en état de dépasser. Déterminer les bornes naturelles d'une intelligence c'est préciser celles qui fixent l'étendue possible de son sens moral. On pourrait d'ailleurs avancer à ce propos certaines *lois de faits* qui ne sont pas moins précises que celle de la chute des corps et tout aussi fatales que celle de la conscience, dont aucun homme ne peut disjoindre les deux notions de morale et de logique.

Lorsqu'on analyse l'Evangile on ne doit pas transformer les mots en *images* où cela vous convient et leur donner le caractère de la *réalité* où l'on y trouve son avantage. Avec une pareille manière d'agir il serait impossible de jamais parvenir à s'entendre. Nous ne pouvons donner aux textes que le sens vrai qu'ils doivent avoir pour la conscience. Ceux qui soutiennent le dogme de la rédemption s'appuyent volontiers sur cette parole de Jésus-Christ : *Le Fils de l'homme est venu, non pour être servi, mais pour servir et donner sa vie en rançon pour les péchés de plusieurs.* Mais traduisez cette phrase de la manière suivante : *Je sacrifie volontairement ma vie afin que la conscience des hommes éveillée par le sentiment du devoir, dont je leur donne l'exemple, les préserve de faire le mal,* et dites-nous si l'on peut donner une interprétation plus claire et plus digne de la pensée et de la vie de celui qui, de son propre aveu, vint parmi les hommes *non pour être servi* mais pour les servir, et institua la Sainte-Cène afin qu'ils se rappelassent de son dévouement et de l'enseignement général qu'il leur prêcha sans cesse : *la nécessité de se donner aux autres et de se rendre utile à l'humanité…?* Dites-le franchement, Jésus-Christ a-t-il jamais songé à se faire adorer comme étant le plus grand parmi les hommes et à leur enseigner qu'ils pourraient, par ce moyen, obtenir une meilleure place dans l'autre vie? Puisqu'il ne nous est pas possible d'admettre que le *vin que nous buvons* soit vraiment le *sang* de Jésus-

Christ, pourquoi prétendriez-vous que ce *sang* puisse avoir été le *gage matériel* de la rémission des péchés? Il faut savoir accepter la forme symbolique complètement ou la rejeter partout.

A la discussion nul ne pourra soutenir ce qui est *faux selon Dieu*. La vérité selon Dieu a donc un contrôle ; sa loi en nous n'est pas une illusion mais un fait qui s'affirme en donnant des effets réels, positifs, vérifiables, aussi bien dans l'ordre scientifique que religieux. Celui qui défend l'idée du salut est tenu de le faire, comme pour celle de la justice, avec des arguments de sens commun. Il faut qu'il prouve que cette notion est indéracinable de notre pensée. Celui qui, n'étant pas à même de le faire, n'en continue pas moins à la répandre avec un langage autoritaire, ne s'appuie qu'en mercenaire sur une volonté de Dieu arrangée à sa façon en vue d'exercer plus aisément la sienne. Ce procédé est complémentaire de la lâcheté qui lui fait s'accorder une réparation plus facile que celle que Dieu impose en réalité à tout le monde. La question du *pardon*, comme toutes celles qui touchent au principe de base de notre existence est d'ordre purement logique. Nul n'a le droit de les résoudre par de simples affirmations. Ce ne sont pas ceux qui, n'écoutant que leurs instincts égoïstes, croient pouvoir se dispenser d'être logiques qui continueront à gouverner le reste de l'humanité. On n'enseignera bientôt plus aux hommes qu'ils n'ont pas de point d'appui intérieur pour élucider la loi de leur existence et qu'ils doivent chercher le salut à l'extérieur parce qu'ils se trouvent entièrement sous le pouvoir du péché. L'humanité progresse, s'émancipe de plus en plus, perfectionne son sens moral, fortifie son intelligence et elle ne tardera pas à se libérer des obsessions d'un christianisme tyrannique et purement conventionnel, n'ayant rien à faire avec celui qu'il prétend représenter.

Le principe de la rédemption ne peut pas être protégé par le jeu normal de nos idées. On ne saurait dire avec lui *mon* salut doit être le *vôtre* comme on dirait ma justice doit être la vôtre ou réciproquement; c'est ce qui montre son caractère illogique. Aussi ne le propage-t-on qu'en commettant les plus choquants contrastes d'idées qu'on puisse imaginer. Tel est celui qui consiste à déclarer l'homme semblable à Dieu, tout en lui inculquant une foi qui ne lui permet ni de chercher ni de dire la vérité, parce que le dogme l'oblige à ne vivre que de vérités arrêtées et à s'envisager comme une victime du mal, incapable de prendre une vue claire sur les droits de sa conscience qui est la loi du bien — ou celui qui consiste à ne faire usage de l'Evangile que pour louer les mérites de son auteur, sans se soucier de développer le pouvoir du bien et de l'intelligence chez les hommes, c'est-à-dire de les moraliser dans le sens même que le Christ avait en vue. Ce sont là les effets de la nécessité où l'on se trouve de soutenir une certaine doctrine de la grâce qui est tout l'opposé de la pensée de Jésus-Christ. Elle conduit à faire de la charité *un tableau à admirer*, sans songer à la mettre en pratique dans la loi de nos idées où elle ne devrait cependant pas être moins agissante que dans les rapports de la vie ordinaire. J'ai montré à ce propos où la profonde admiration de M. Choisy pour le sermon sur la montagne l'a amené, en ce qui concerne la surveillance du caractère de ses vues doctrinaires. Il suffirait donc, paraît-il, de savoir reconnaître les vertus de son Maître pour être dispensé d'observer ses devoirs d'homme responsable envers ses frères et de leur céder quelque chose sur le terrain du dogme? On tourne toujours dans le même cercle vicieux : Le dogme *c'est Christ*; et ce dogme vous empêche de pratiquer la morale *selon Christ!* Il vous entraine à faire de la charité chrétienne *contemplative*, complètement nécessaire de l'amour *intéressé* qu'on a pour son Sauveur, alors que la conscience commande à l'homme de s'adresser à Dieu directement. Toutes ces idées fausses se rattachent à la même cause qui fait dévier l'esprit de son devoir naturel et les subordonne à un despotisme intellectuel qu'on exerce au nom de Dieu.

Sachant observer la figure de Jésus-Christ sans préjugé et en la prenant dans son ensemble au lieu de s'attacher à une foule de détails dont l'analyse trop minutieuse ne fera jamais qu'altérer le sens de sa doctrine principale, on trouvera qu'elle n'exprime pas autre chose que la *révélation* ou l'affirmation des droits de la conscience naturelle à enseigner le devoir et commençant à réaliser la formule du *triomphe du bien par le bien* dont M. Choisy a fait le type de ses aspirations. Il a résumé par ces paroles la tendance qui animait Jésus-Christ bien que celui-ci n'ait pas encore su la présenter sous une forme aussi précise que celle qu'on vient de lire et dont on peut imposer le sens à l'humanité. L'enseignement du Christ eut une forme très nette dans l'ordre moral mais très vague au point de vue intellectuel. Il fut un effet de l'instinct percevant normalement sa loi, et sachant aussi l'appliquer, mais il n'eut pas cette couleur scientifique dont notre siècle ne peut se passer et qu'il aspire à introduire jusque dans le principe de l'idée morale. Or cette tendance de notre esprit n'est pas moins juste que l'était celle de Jésus-Christ puisque nous sommes déjà en état de comprendre qu'une étude attentive du principe moral sera le marchepied qui nous aidera à étendre l'idée qu'on s'est faite de Dieu jusqu'à nos jours et qui est devenue trop étroite pour les besoins de notre intelligence. Aimer son objectif absolu ne suffit plus à présent, on veut encore le constituer clairement.

Jésus-Christ s'est efforcé de faire triompher le bien par le bien en excitant les consciences dont l'élévation de la sienne parvenait à pénétrer la loi ou le pouvoir. Sa spécialité morale était de faire rayonner le parfum du cœur qui fascine tout le monde et il parlait avec ce langage de l'esprit, dans la moyenne de ses vues, on peut le dire : *à coup sûr*. Il put le faire, parce qu'il subordonnait tout naturellement sa raison à sa conscience au rebours de ce qui se faisait en son temps, et de ce qui se fait encore aujourd'hui où on l'écrase par les effets d'une folle raison qui entasse dogme sur dogme pour *organiser* la loi de Dieu au gré des désirs des pauvres gens qui l'inventent. Jésus-Christ employa toutes ses forces à apprendre aux hommes à aller à Dieu par des chemins naturels et l'on en est venu à penser actuellement comme s'il suffisait d'ordonner qu'on l'aime lui-même, l'admire, l'adore et qu'on obéisse à Paul pour avoir atteint le maximum du progrès dont la religion en général serait susceptible. Quel christianisme, mon Dieu !

On ne retournera jamais mieux à l'esprit de la morale de Jésus-Christ qu'en apprenant à l'homme à envisager sa conscience comme étant la loi du bien qui, bien observée, doit le conduire à une morale d'ordre plus élevé que celle qu'on pratiquait par le passé, ainsi qu'à des vues philosophiques d'une bien plus grande portée et plus claires que les vieux débris de l'histoire dont nous vivons encore aujourd'hui. Nous devons maintenant réaliser ce que Jésus-Christ n'a pu faire, c'est-à-dire compléter sa *morale instinctive*, encore confuse comme doctrine, par une *morale intellectuelle* positive, et l'arbre n'en poussera que mieux en donnant de bons fruits. Mais cette morale, cela est certain, tuera l'orthodoxie car elle n'admettra pas les idoles et ne reconnaîtra, comme Jésus-Christ, que les fonctions naturelles de l'esprit qui unissent l'homme au vrai Dieu — dont la loi *de fait* est encore à formuler. Mais avoir la foi logique c'est posséder le premier principe de cette loi et il peut se développer. Nous le développerons, soyez-en sûrs, jose l'affirmer sur la connaissance de la loi de ma conscience qui donnera la preuve *scientifique* de l'existence de l'âme, comme gage de l'avenir qui l'attend. Le *je pense donc je suis* a fini sa carrière idéale en prouvant son impuissance scientifique et sa stérilité philosophique. C'est maintenant avec les physiologistes que nous nous mettrons à travailler sur le sujet des lois de la vie et de celle de Dieu. Si l'homme marche Dieu ne recule pas,

on fera bien de méditer cette vérité qui ne tar‑
dera pas à avoir raison du matérialisme.

Jésus-Christ a distingué et combattu le ma[l]
en lui substituant le bien, mais il n'a pu e[n]
concevoir le sens philosophique. De là le carac‑
tère incomplet de l'enseignement d'un mora[‑]
liste qui se trouvait dans l'ignorance au suje[t]
de *la loi de fait* qui constitue le rapport du bie[n]
au mal dans la nature, c'est-à-dire au sujet d[u]
point qui intéresse le plus vivement la moral[e]
intellectuelle. Il est donc clair que ce n'est pa[s]
celui qui n'a pas connu la loi du monde q[ui]
pourra *juger* les hommes lorsqu'ils se trouve‑
ront en état de la lui apprendre correctement[.]
Et l'humanité n'a pas progressé en vain, ell[e]
se trouve beaucoup plus près d'avoir attein[t]
ce but — que l'histoire lui impose — qu'on n[e]
se le figure. Or que deviendra le Sauveur d[e]
l'orthodoxie quand la science saura lui démon‑
trer de la manière la plus irréfutable que s[i]
le Christ enseignait la charité il ne connaissa[it]
cependant ni la loi de ce monde ni celle d[e]
l'autre et que seul le Dieu de la raison, q[ui]
concilie tout, est le vrai, si bien qu'elle pourr[a]
la forcer de l'adopter? Il semble que l'honneu[r]
de la religion soit engagé à prévoir ce cas —

qui est dans la nature des choses — et à ne pas se laisser devancer dans la carrière, en sa qualité de défenseur de l'idée de Dieu, par la succession des actes positifs d'une science qui, étant obligée de marcher à coup sûr, peut le nier encore aujourd'hui mais qui saura l'affirmer demain de la façon la plus éclatante et la plus terrifiante pour les ignorants qui ne savent encore apercevoir que le *Dieu-idole*, tandis que s'ils écoutaient sincèrement leur conscience, elle leur crierait qu'elle ne veut connaître que le *Dieu-vie*, le seul Dieu personnel et universel qu'aucune pensée humaine ne pourra jamais déplacer : — la loi de la *Cause* qui demande à être mise en rapport logique avec ses effets comme le bien et le mal !

Ce ne sera que l'étude attentive et désintéressée de la loi du bien et du mal — par l'exercice normal du sens du devoir ou de la *morale*, puis de la *logique* qui en donne la formule — que la science et la religion finiront par se mettre d'accord sur la loi de Dieu. Si la religion continue à ne pas faire son devoir, qui est de travailler au progrès de l'humanité comme tout le monde, de marcher et de créer un ordre d'idées compréhensible sur les choses qui intéressent notre intelligence dans sa relation avec la notion de Dieu, c'est la science qui prendra sa place. Elle ne tardera pas à lui faire entendre qu'elle peut se passer de ses services aussi mesquins qu'autoritaires. Elle ne sera d'ailleurs nullement empruntée pour se débarrasser de ses importunités en lui déclarant qu'elles ne font qu'introduire le trouble dans les rapports sociaux. Quand l'homme aura son Dieu et sa morale scientifiques, que deviendront les religions à paperasses théologiques, entêtées, paresseuses et dogmatiques, les religions qui faussent l'idée de Dieu pour le plaisir de soutenir leur foi routinière ?

III

Nous sommes obligés de diviser tout ce que nous percevons, concevons ou créons, tous nos actes et nos œuvres en deux éléments d'intelligence : le bien et le mal dont l'éternel rapport constitue la peinture de notre vie spirituelle. Cette loi emplit la nature qui en est le reflet, elle s'applique à tous les domaines physique, intellectuel ou moral, scientifique, philosophique ou religieux. Elle pénètre toutes nos sensations, régit toutes nos actions et détermine, en peu de mots, le jeu de nos idées. Elle est tellement inhérente à notre vie psychique qu'il nous serait impossible de la supposer sans elle. Si nous la supprimions, par hypothèse, nous ne serions plus qu'en face du néant ou d'un bien pur qu'il nous serait impossible de dépeindre, parce qu'il nous manquerait les couleurs pour en créer le tableau. Ce que les uns nomment le mal, d'autres l'appellent le bien, ou réciproquement, l'appréciation des choses variant en raison de nos aptitudes ou du degré de notre intelligence. Ce que l'un trouvait hier être le bien, il le déclare aujourd'hui être le mal. Le mal n'est donc qu'une réalité de sensation n'ayant pas d'existence, variant et se transformant en raison du progrès des êtres qui en sont la cause par infériorité de pouvoir. Il ne représente qu'une loi qu'on peut appeler *négative,* parce qu'elle est le complément inséparable de la loi *positive* du bien qui ne pourrait pas se perfectionner si elle n'avait continuellement le sentiment du contraire de ce qu'elle cherche et du mieux qu'elle peut lui opposer. Sa généralité même fait qu'on ne peut en juger les cas particuliers qu'en les rapportant, par le jeu de nos idées, au principe général du bien qui est en nous et qui le domine partout et en toutes choses. Le bien substantiel ou potentiel et inépuisable est la loi sur laquelle notre esprit doit prendre base pour organiser sa philosophie du mal qui aidera à lui donner sa vraie interprétation aussitôt qu'on aura saisi que notre nature est prédestinée à n'en retenir que ce qu'il faut pour comprendre qu'il lui est utile.

Le mal, envisagé comme *fait de perception* sans existence ou comme loi relative à l'infériorité et nécessaire au progrès du bien que représente le perfectionnement continuel de notre esprit, fonctionnant d'accord avec le bien *loi d'existence* qui est en nous — est la base normale de toute doctrine morale de conscience. Ce n'est que l'ignorance qui a fait si longtemps du mal une notion indigne de la pensée de Dieu parce qu'elle ne le jugeait que sur ses impressions immédiates, sans se rendre compte du moyen que Dieu emploie pour équilibrer progressivement le rapport d'action à sensation chez les êtres qui lui sont inférieurs et qui n'ont pas le droit de l'apprécier *Lui* en se basant sur leurs intérêts d'infiniment petits.

Motiver le mal n'est ni en amoindrir l'importance ni engager à le commettre. Cela n'aurait du reste aucune influence sur notre esprit dont la loi normale *inaltérable* est de le combattre au profit de sa propre existence, qui a besoin d'obstacles pour pouvoir s'affirmer. C'est seulement lui donner sa signification vraie et lui prêter par conséquent un caractère apte à se transformer en élément de science morale capable d'établir un rapport compréhensible entre les phénomènes de notre terre et la loi de Dieu. On jugera d'après cela combien sont absurdes les théories religieuses qui font du péché le centre de gravité de toutes leurs idées et une arme pour combattre toutes les autres pensées et tendances de l'espèce humaine — en ayant bien soin de ne pas tenir compte de la loi du bien que représente notre conscience. C'est-à-dire que l'homme sépare nécessairement tout *en bien et en mal* dans les diverses applications de son intelligence et il n'y a que la religion qui, au point culminant et le plus important du principe, trouve moyen de se fonder *exclusivement sur le mal* sans avoir d'yeux pour apercevoir le bien lorsqu'elle se donne comme le rapport nécessaire entre les manifestations de la loi de l'homme et celle de Dieu. Il y a là une immoralité doctrinaire tellement scandaleuse et indigne du véritable caractère de l'esprit de l'homme qu'il n'est vraiment pas trop tôt qu'on commence à se révolter sérieusement contre ces procédés d'un autre âge qui faussent complètement la vue de l'intelligence sur son état réel, sur ses destinées et sur son vrai rôle dans la nature.

La citation suivante donnera une idée de ce qu'est cet esprit religieux qui éprouve le besoin de *consolider ses doctrines en renchérissant systématiquement sur le péché* afin de faire valoir sa théorie de la Croix. Elle confirmera encore une fois l'étrange confusion que M. Choisy apporte continuellement dans son appréciation du rapport de la conscience à l'intelligence dont il dispose selon son bon plaisir et toujours de manière à pouvoir l'appliquer au sens de ses vues :

« Quand on ne veut pas du sacrifice de la Croix, on croit peu à la gravité du péché, on juge du péché en partie intéressée à l'adoucir et non selon la loi sainte de Dieu, dont il est la transgression positive. Chez ceux qui repoussent le sacrifice de Jésus, *la conscience voit souvent plus clair que l'intelligence* — (Oh!)[1] — leur tort est de remettre tout pouvoir à l'intelligence en un point qui touche droit à la conscience[2]. »

M. Choisy serait-il en possession de *la loi sainte de Dieu ?* Dans ce cas qu'il veuille bien la formuler, vu que c'est là la question qui s'agite entre nous et qu'on ne peut pas l'autoriser à la résoudre à son profit, sans discussion, en nous affirmant, comme il le fait, que la conscience doit déclarer « *la folie de Dieu plus sage que les hommes* » qui en sont les auteurs, et que le pardon conçu par cette folie aura toujours pour les cœurs un prix dont ne sauraient approcher « *les repentances souillées d'une créature souillée*[3]. » Ces paroles ne vous apparaissent-elles pas comme la plus grave injure qu'on puisse adresser à la conscience en général et à l'intelligence de ses adversaires en particuculier ? Il est vraiment pénible de voir défendre la loi de Dieu de cette manière. Si M. Choisy pense pouvoir soutenir ces thèses il me trouvera prêt à lui répondre et à discuter avec lui

---

[1] L'auteur.
[2] *Le but de la vie. La Rédemption*, p. 167-168.
[3] Idem.

la valeur ou la signification du *péché* dans le monde. Nous verrons alors si ce péché n'est pas comme tous les maux *un mal nécessaire* et non pas une transgression à une loi de Dieu que l'homme ne connaît pas — mais bien à celle de la conscience individuelle qui la représente, ce qui n'est pas du tout la même chose.

« Le vrai chemin de la connaissance religieuse, dit Vinet, n'est pas de Dieu à l'homme mais de l'homme à Dieu ; c'est qu'avant de se connaître l'homme ne saurait connaître Dieu. » — Donc, *connais-toi toi-même* et quand tu te connaîtras tu sauras ce qu'est le péché. Ce n'est qu'après cela que tu commenceras à connaître Dieu au point de ne plus avoir besoin de mettre ton ignorance à l'abri de sa folie ! Si vous ne vous jugez digne que d'une repentance souillée dans la créature souillée que vous faites de vous, cela prouve que vous ne savez pas ce qu'est votre conscience et que vous n'êtes pas dans les conditions voulues pour parler de la volonté de Dieu. Tâchez de nous montrer que vous savez vous observer et, en attendant, vous ferez bien d'envisager vos théories comme étant un effet de *l'état de votre foi* et de ne pas les appliquer aux autres au nom de la folie d'un Dieu qui n'est pas le leur.

Qui veut la fin veut les moyens. Celui qui aspire vraiment au triomphe du bien par le bien doit reconnaître la nécessité où il se trouve d'observer la loi du bien au lieu de se fonder systématiquement sur la vue du mal pour faire les intérêts de son clocher. Le bien domine dans l'homme et dans la vie, cela est de première évidence. Il a dominé dans l'histoire dont l'évolution nous prouve que le sens moral s'est développé en rapport avec les constants progrès de notre intelligence. Fondez donc vos théories sur ce qui est le plus fort, le bien et l'intelligence, et non pas sur ce qui est le plus faible, l'ignorance et le mal. Cessez de vous appuyer sur le péché pour conduire les hommes à Dieu par le triste chemin des indulgences que délivre votre Eglise. Le *mal nécessaire* n'est pas l'ennemi de Jésus-Christ. Celui-ci était du reste trop tendantiel dans le sens contraire et trop instinctif pour en saisir la formule intellectuelle, mais grâce à l'exercice parfaitement normal de sa conscience qui institua le sens de la vérité, la charité, l'amour en Dieu et la justice, il en ébau-

su la révéler, soyez bien certain que son intelligence ne pourra pas la détruire et qu'elle ne fera jamais qu'en tirer un meilleur parti que par le passé. Le principal pour le moment est de se mettre en condition de détruire l'auréole artificielle et même surnaturelle dont on l'entoure afin de tendre aux vraies lois de la nature qui nous feront vivre pratiquement avec lui. Il faut que la morale soit intelligente et que la foi soit logique. On ne peut plus, de nos jours, enseigner une foi contre laquelle les honnêtes gens soient en état de protester, ni construire une morale de Dieu contre les droits de la raison. Ce serait continuer à sonner la cloche qui a déjà commencé à faire vider les églises. L'intelligence fuit l'ignorance qui se pavane dans les plis d'un manteau divin, voilà une vérité de fait en présence de laquelle aucune ancienne religion ne pourra tenir.

« *Tout le monde veut être heureux, mais nul ne veut être sauvé* »[1] sauf ceux qui n'ont point de conscience et qui ne feront jamais la loi aux autres. On commence à devenir fier de sa race. Quelques consciences qui comprennent la vraie loi de Dieu sont d'ailleurs plus fortes qu'une

[1] Vinet.

multitude qui l'altère en trouvant des acco
modements avec le ciel pour remédier au
inquiétudes que leur cause leur avenir. Gar
à ces consciences ! Car elles feront table ras
dès qu'elles commenceront à se mettre à l'œu
vre en prenant leur mission au sérieux. *J
suis la conscience !* Enlevez-moi tout ce ma
et pas tant de faux raisonnements car je le
domine, ce que je suis en état de vous prouver
voilà l'argument dont elle fera usage en repre
nant la place qui lui est due au milieu de gen
qui en ont depuis trop longtemps disposé c
leur faveur. La conscience ne consentira plu
à ce qu'on la mette à la porte en vue de subs
tituer *un mal imaginaire* irréparable, invent
pour le service de la Croix, au *mal nécessair*
au progrès de ses facultés intellectuelles e
morales et qui suppose sa présence souve
raine dans toutes les questions qui s'agiten
au sujet du rapport de l'homme à Dieu.

IV

Concluons de toutes les idées qui précèden
que chacun est tenu de choisir entre ceci e
cela, entre l'Evangile et la conscience, ca

louvoyer de l'un à l'autre afin d'avoir raison à droite et à gauche, selon les cas, n'est pas possible. La loi de nos idées ne supporte pas ce manège. La raison ne saurait avoir deux maîtres, ni faire le double jeu, lorsqu'il s'agit de discuter la loi de Dieu. Déclarez, si cela vous est agréable, que la lumière de l'Evangile est supérieure à celle de la conscience, ou réciproquement, mais prenez une décision claire et supportez-en les conséquences. Parlez loyalement et acceptez ensuite jusqu'au bout la responsabilité de l'opinion que vous aurez érigée en principe. Montrez-vous bien décidé, pour mettre votre raison à l'épreuve, de ne revenir en arrière que lorsqu'on vous aura suffisamment mis en contradiction avec vous-même pour vous obliger à faire amende honorable. On ne se place pas tantôt dans un camp et tantôt dans l'autre en vue de couvrir sa propre responsabilité et d'engager autant que possible celle des autres. Ce n'est que quand vous aurez adopté une situation franche d'homme responsable que vous pourrez faire l'*expérience* des conditions intellectuelles que la nature *accorde* ou *impose* — d'une part à ce qui fonde toute sa pensée sur la conscience, envisagée comme loi de Dieu proportionnée à l'intelligence d'un chacun et devant les unifier toutes — puis de l'autre à celui qui s'en sépare pour aller chercher la lumière absolue hors de la conscience, au nom du Dieu saint.

Voici le résultat que cette expérience devra donner à la discussion : le premier sera tout naturellement logique et moral, il pourra être conséquent jusqu'à l'infini avec lui-même, il aura un fertile champ philosophique ouvert devant lui — tandis que le second jouera nécessairement le rôle d'une âme sans boussole victime de son idée fixe et obligée de recourir à tous les artifices possibles pour défendre, en désespéré incapable de coordonner ses idées, une foi insoutenable et prédestinée, par sa nature même, à être brisée en mille pièces aussi bien sur le terrain des lois du sentiment que sur celles de l'intelligence. Il ne pourra rien produire dans l'ordre philosophique sans se condamner lui-même. Il n'aura pour lui que son Sauveur qu'il appellera la lumière du monde — pour les autres — sans savoir s'en éclairer lui-même ; il pourra l'implorer, le supplier, s'humilier devant lui, lire et relire son Évangile, mais tout cela en pure perte car il ne sera pas en état de lutter contre la *loi vivante de Dieu* lorsqu'il se trouvera en face de quelqu'un qui, sachant s'en servir, pourra ne laisser aux vulgarisateurs de fausse foi, de quelque nature qu'elle soit, scientifique ou religieuse, que les yeux pour pleurer sur leur CONSCIENCE OBJECTIVE !

C'est là une expérience à faire et qui peut devenir instructive. Elle est proposée à la *religion* par la *psychologie* désireuse de voir les effets de sa science passer de la théorie à la pratique. Si c'est la religion orthodoxe qui est appelée à triompher, ce sera tant mieux pour elle, on lui rendra loyalement les armes en homme sincère qui doit toujours placer la vérité au-dessus de son amour-propre et savoir confesser ses torts sans marchander. La psychologie se déclare donc prête à s'incliner quand il le faudra devant la vraie loi de Dieu, *formulée par la religion*. Elle ne lui demande qu'une seule chose : c'est de bien vouloir ne recourir qu'à des arguments de *sens commun* pour définir les droits et devoirs naturels de l'homme dans ses rapports avec ses semblables et avec l'idée de Dieu.

La conscience naturelle affirme d'ailleurs

hautement son droit de juger les apôtres q[ui]
ont jugé Jésus-Christ et de ne pas se rendre
victime de quelques braves gens, sans dou[te]
très bien intentionnés, mais qui ne surent p[as]
— ce que le caractère de leurs idées perso[n]
nelles prouve suffisamment — se placer à [la]
hauteur de leur Maître, et n'ont qu'à moitié sai[si]
le sens moral de sa figure. Ils se sont empre[s]
sés d'en faire ce qu'elle n'était pas, parce qu[e]
le degré de leur intelligence ne leur perme[t]
trait pas d'interpréter sa supériorité — d'u[n]
genre si nouveau pour eux — comme elle d[e]
vait l'être. Ils sont tombés, comme tous l[es]
disciples qui sont plus admirateurs que pe[n]
seurs ou créateurs, dans l'exagération du se[r]
viteur à l'égard du type autour duquel i[ls]
s'étaient ralliés. C'est Jacques qui, sous [ce]
rapport, a conservé le plus d'originalité. I[ls]
firent de la personne de Jésus-Christ le lie[n]
vivant de toutes les vérités isolées qu'il ava[it]
émises, sans apercevoir le principe de la l[oi]
de conscience qui en fut vraiment la cause[.]
Sans doute encore sous l'impression de l'eff[i]
cacité qu'on prêtait autrefois aux sacrifice[s]
matériels, ils virent beaucoup plus le *sang d[e*

Jésus utile à l'humanité que l'intention qui l'avait poussé à se sacrifier. L'œuvre des apôtres consista surtout, on doit en convenir, à glorifier et dogmatiser *l'homme* dont ils n'ont pas su compléter la doctrine de conscience dans le sens de ses propres vues. Le libérateur promis à Israël était le Christ qui devait lui apprendre à percevoir la loi de Dieu sans autres ressources que celles de la conscience, et les apôtres ont compris qu'il était venu pour sauver personnellement le monde de sa misère plutôt que pour lui indiquer le chemin de la *vérité* et du *bien* selon la nature. Tant pis pour ces aveugles, mais veuillez nous permettre de ne pas les suivre, car nous disposons de meilleurs moyens qu'eux pour guider nos pas dans la vie et pour nous conduire à une juste interprétation de la figure de leur Maître. Ces moyens sont de bon aloi et nullement personnels, car ils engagent équitablement la responsabilité de chacun en lui fournissant l'occasion de faire passer ses forces au contrôle, au lieu de parler avec une autorité contestable d'une loi de Dieu qui ne sera jamais *vraie* qu'à la condition qu'on sache la faire adopter par tout le monde. La formule de la foi dépend de la raison qui dépend à son tour de la conscience; vous êtes donc libre de chercher à imposer à cette dernière une foi qu'elle ne puisse pas confirmer; mais vous verrez ce qu'il en coûte!

Les prophètes tendaient à l'universalisme Jésus-Christ le réalisa en éveillant le sens général du bien sur la vue de ces trois termes de notre pensée : amour en Dieu, charité et justice. Les apôtres auraient pu donner une signification intellectuelle à l'enseignement naturel du Maître dont ils devaient opposer l'idée fondamentale à l'ancien régime. Ils ne surent pas le faire ou s'y prirent gauchement et leur propre sens du bien glissa vers la doctrine du salut qui se transforma aussitôt en foi conventionnelle contradictoire avec l'enseignement de base du Christ. Notre tâche est — maintenant que nous avons progressé — de rectifier cette erreur au nom des droits de la conscience qui, en complétant l'esprit de Jésus-Christ avec le *principe logique*, peut reprendre sa loi universelle par un autre chemin.

Si l'homme supérieur ne doit pas dire à

malheureux : *médecin guéris toi toi-même*, il ne doit pas non plus entreprendre de le guérir avec des baumes dont il ne puisse justifier la qualité, ou la légitimité, en face de la conscience publique. Il lui doit la vérité appliquée au degré de son intelligence. Celui qui ne saura pas la trouver en s'inspirant, comme Jésus-Christ, de l'idée du *Dieu seul* et de ce qu'il y a de noble dans son propre sentiment ne la trouvera pas mieux avec la ressource que lui offrent les dogmes de son Église. La consolation du désespéré et du faible est un effet de l'application des lois du cœur et non de l'existence de certaines formules religieuses. Admettrez-vous qu'*une seule* parmi les religions soit capable de faire du bien aux affligés et d'encourager ceux qui en ont besoin ? C'est peut-être là ce qu'elles cherchent *toutes* à prouver, mais alors que serait *la* religion qu'aucune d'elles ne représente ?

Disons enfin que la devise de Dieu est : « *Un pour tous, tous pour un* » et qu'elle doit s'accomplir, c'est-à-dire devenir de jour en jour plus consciente et plus claire, car elle est aussi celle du rapport de la *morale* à la *logique* qui est appelé à la développer. Elle est celle de la conscience dont Jésus-Christ fut le type historique. On ne comprend pas la devise : « *Deux pour tous, tous pour deux* » et ceci a une signification précise dans notre esprit qui ne pourra jamais organiser ses idées sur une base de sens commun en se fondant sur un faux principe de Dieu, que Jésus-Christ n'a d'ailleurs jamais proclamé. Il s'est appelé Fils de Dieu par le cœur ; il s'est donné pour le chemin qui conduit à Dieu et n'a jamais essayé de se faire passer pour un Dieu. Mais la conscience ne conduit-elle pas aussi à Dieu ? Lui refuserez-vous le droit de dire comme le Christ : *Je suis d'en haut !* et nul ne connaît de Dieu que ce que la conscience *qui en est la loi vivante* lui révèle ? Dans ce cas lancez-lui la pierre et tâchez, dans votre intérêt, de viser juste.

Cherchez la vérité dans Jésus-Christ si vous ne l'y avez pas encore trouvée, étudiez-le mieux mais, de grâce, n'essayez pas de le mettre en guerre avec la conscience naturelle car vous seriez infailliblement engloutis, vous et votre Évangile, en vous engageant dans une lutte insensée qui dépasserait le pouvoir de vos forces !

*

La morale qui résume tout, c'est que la conscience veut être sans équivoque et sans restriction *la Reine de la pensée* car un rôle subalterne n'est pas fait pour elle. Elle exige qu'on la respecte en sa qualité de loi du bien et elle ne permettra plus à personne d'amoindrir l'idée de Dieu avec la figure de Jésus-Christ qui s'appliqua à la grandir et dont on fit le rédempteur des péchés. Nous ne voulons plus d'idoles. Si Dieu nous a assigné un but il ne peut être ni hors de lui ni hors de la conscience.

L'emblème *matériel* de la Croix n'a jamais été que le drapeau de ralliement d'une société d'égoïstes battant monnaie avec l'idée de charité et noircissant l'homme à plaisir pour avoir la satisfaction de le blanchir ensuite. Les termes mêmes de sa doctrine prouvent ce que j'avance, écoutez[1] : *Il n'y a point de juste, non pas même un seul ; il n'y a point d'homme qui ait de l'intelligence ; il n'y en a point qui cherche Dieu. Tous se sont dévoyés, ils se sont tous*

---

[1] Pour plus de développements voyez : *La Rédemption*, page 174 et suivantes.

ensemble corrompus. Il n'y en a point qui fasse le bien, non pas même un seul! Triste, bien triste moyen pour défendre : *la Croix de mon Sauveur!* On lui répond tout simplement que les ignorants ne seront jamais les ministres du vrai Dieu et qu'on n'abuse pas à ce point de la *conscience, de la raison et de l'idée de Dieu.*

Il est temps que cela finisse et qu'on renvoie les fanatiques de la Croix, ou les *dévoyés de la conscience*, à l'école de la Nature!

TEMPI PASSATI !

ERRATA

	Au lieu de :	Lisez :
Page 17, ligne 14,	généreux,	généraux.
» 23, »	6, qu'en en opérant,	qu'en opérant.
» 130, »	9, à démontrer,	à affirmer.
» 133, »	6, qu'un interprêtre,	qu'un interprête.

TABLE DES MATIÈRES

	Pages.
INTRODUCTION	5
La Conscience universelle	27
La Conscience logique	57
Fatalisme et liberté	73
La Conscience et l'Evangile	99
Mon Salut	149
Le Bien et le Mal	187
RÉSUMÉ ET CONCLUSION	227

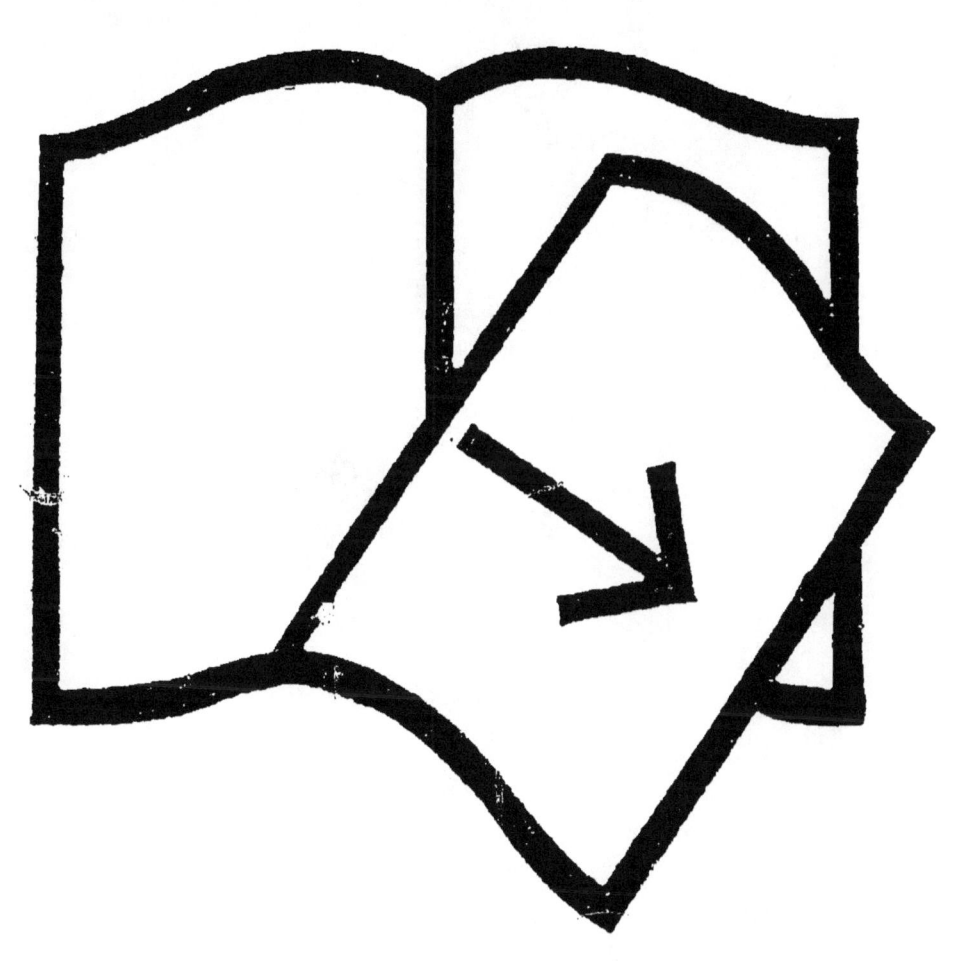

Documents manquants (pages, cahiers...)
NF Z 43-120-13

www.ingramcontent.com/pod-product-compliance
Lightning Source LLC
Chambersburg PA
CBHW050642170426
43200CB00008B/1116